Yves MICHEL

W0279334

# Le Miraculé

## SEPT MOIS DE COMA PUIS RENAÎTRE

J'ai fait parvenir un livre à pratiquement tous les ténors de la vie politique française. Certains m'ont même répondu personnellement.

*"Une preuve de grand courage, un exemple de confiance, d'optimisme et d'énergie (...), une volonté de témoigner afin d'aider les autres."*

François Pinault
Groupe Pinault-Printemps-Redoute

TÉMOIGNAGE

*Le pire est qu'on se demande comment le lendemain on trouvera assez de force pour continuer... pour sortir de l'accablante nécessité, tentatives qui toujours avortent, et toutes pour aller se convaincre une fois de plus que le destin est insurmontable, qu'il faut retomber en bas de la muraille, chaque soir, sous l'angoisse de ce lendemain, toujours plus précaire, toujours plus sordide.*

*Céline*
*Voyage au bout de la nuit*

Huit jours après mon surprenant réveil à mon domicile, le vendredi 1er février 1980, alors que jusqu'à présent je me croyais séquestré hors de nos frontières par une organisation maléfique. Après avoir vu dans ma chambre d'hôpital le défilé de près de 150 professeurs, médecins, internes lors de la visite hebdomadaire du lundi 4 février où avec aplomb et justesse je répondais à toutes leurs questions, je me suis dit que je n'avais pas le droit d'avoir vécu ce drame sans en témoigner, afin de redonner espoir à tous les handicapés pour qui une issue fatale n'est peut-être pas inéluctable...
Resté deux ans sans avoir même la possibilité de tenir un stylo, j'ai demandé à ma mère de bien vouloir noter, à ma place, tous les faits et les dates qui semblaient importants.
"*J'écrirai un livre, lui avais-je affirmé, mon livre*" !
Pour y parvenir, je n'avais que mon cerveau... Je me suis donc enregistré sur un magnétophone.
En juin 1986 j'ai rencontré un journaliste qui avait réussi à m' obtenir un très substantiel contrat d'auteur...Contrat que ce journaliste, emporté par une terrible maladie, n'a jamais été en mesure de faire aboutir.

Après lui avoir vainement cherché un remplaçant, j'ai profité d'un stage de cordonnier pendant lequel, expatrié à Cholet, en 1992, je noircissais trois cahiers d'écolier.

Fort de mes notes et après de multiples démarches, je trouvais en la personne de Jean Romer, celui qui serait en mesure de retranscrire tout le calvaire que j'avais vécu. Le manuscrit terminé j'ai recherché un éditeur. Pas si simple pour quelqu'un d'inconnu. Je l'ai adressé à mes frais à près d'une trentaine d'entre eux. Pratiquement tous m'ont répondu mais aucun ne voulût s'engager avec moi, me faisant les commentaires suivants…

Le Chalet 9/12/90 - *Témoignage intéressant qui mérite d'être partagé avec le plus grand nombre.*

La Table Ronde 6/01/94 - *Nos lecteurs ont trouvé des qualités…*

Plon 28/04/95 - *Sans verbiage, sans auto-complaisance, un témoignage riche de leçons, qui éveille la sympathie et le respect du lecteur.*

Calman-Levy 15/04/96 - *Vous souhaitant tous les succès auprès de l'un de nos confrères plus apte à assurer à votre texte la carrière qu'il mérite.*

Éditions N°1 15/05/96 - *Qualités littéraires certaines…*

TF1 Éditions 2/09/96 - *Malgré tout l'intérêt.*

Flammarion 23/10/96 - *Document terrible et émouvant, intéressant et bien écrit.*
XO Éditions 23/10/96 - *Lecture impressionnante; la volonté que vous avez eu de surmonter les épreuves et la force de l'amour de votre mère donnent tout son intérêt au livre.*
Éditions du Rocher 13/11/96 - *Pour intéressant qu'il soit...*
Éditions le Souffle d'or 16/12/96 - *Nous l'avons apprécié et tenons à vous remercier pour votre acte de créativité.*

Découragé mais non abattu par toutes ces démarches infructueuses, j'ai pris la décision d'imprimer à compte d'auteur le 17/12/96. J'ai pris mon bâton de pèlerin et, en un mois, ai trouvé plus de 420 souscripteurs castelgironnais qui m' ont permis d'imprimer 2000 exemplaires que j'ai écoulés en faisant une quinzaine de dépôts-vente, puis du porte-à-porte dans un rayon de 10 kilomètres, le tout dans un délai de six mois. J'ai reçu une trentaine de courriers de félicitation. J'ai cru que cet effort prouverait aux éditeurs qui n'ont pas cru en moi, étant un illustre inconnu ayant traversé l'Océan Atlantique à la nage, aller et retour, par rapport... à cet individu qui a été édité, sans difficulté, après un coma thérapeutique qui n'a rien de comparable à un coma traumatique, comme le mien l'a été.

Seul un éditeur de ma région acceptait de prendre mon livre à condition expresse que je le vende plus de 21 euros, prix public. Ce que je n'acceptais pas, souhaitant vendre mon témoignage au prix de 15 euros, montant accessible à toutes les bourses, pour qu'il puisse être utile, dans certains cas, à des gens déjà bien éprouvés.

Mon premier roman :"*7 mois pour renaître*" ayant été épuisé en 6 mois, j'ai, à nouveau, cherché des appuis…

France 2 le 15/07/97 - *Intérêt indéniable que présente votre histoire exceptionnelle…*

Buchet-Chastel 23/11/98 - *Le comité de lecture a été impressionné par votre témoignage qui est une véritable leçon de courage dans la souffrance endurée.*

J'ai une nouvelle fois cherché à ce qu'un éditeur prenne le relais…il n'en a rien été!

J'ai donc apporté moi-même quelques retouches à mon témoignage et ai avancé, sur mes fonds propres, l'impression de 2000 nouveaux exemplaires de mon livre " *Le Miraculé, 7 mois de coma, puis renaître*" en juin 2013.

En une douzaine d'animations commerciales dans des supermarchés de la région, 500 exemplaires de mon nouvel ouvrage ont été écoulés. Plus tard en Mars 2014 je perçu une subvention d'aide à la création d'entreprise de 6000€ que j'attendais de l'AGEFIPH (Association de Gestion du Fonds pour l'Insertion Professionnelle des personnes Handicapées) pour laquelle j'avais monté un dossier complexe. Avec une partie des bénéfices que je pourrai en tirer je compte refaire à l'avenir d'autres impressions car mon témoignage restera toujours d'actualité. Je me sens prêt à soulever des montagnes pour y arriver, je n'abdiquerai jamais...

Yves Michel vous remercie de l'excellent accueil que vous avez bien voulu réserver au travailleur handicapé qui vous a présenté mon livre proposé en porte à porte. Ce livre qu'il ne m'aura acheté qu'au prix de 200€ par carton de 20 livres devrait lui permettre un bénéfice de 100€. Je m'engage à lui reprendre tous les invendus. J'ai toujours rêvé de faire quelque chose en faveur de toutes les personnes handicapées.

Yves Michel

# *AVANT-PROPOS*

*L'ordre du chiffre sept : mythe ou réalité ?*

Sept mois de néant, sept mois de ténèbres, sept mois de silence... sept mois d'un autre monde, étranger à la majorité d'entre nous, obscur au sens propre du terme, c'est l'incroyable "voyage" accompli par Yves Michel. Un voyage dont le contenu est inexplicable, pour ainsi dire inénarrable, long, trop long selon l'empirisme scientifique, pour en revenir avec des facultés cérébrales intactes. Et pourtant...

Pourquoi sept plutôt que six ou huit ? C'est sur ce chiffre mythique que je voudrais m'arrêter un instant, et ce postérieurement à la rédaction de ce "livre-témoignage", d'une vérité si saisissante qu'elle prend parfois des allures de fiction.

Pour ce qui est du sujet, ce ne sont pas les représentations qui manquent : les sept jours de la semaine, les sept degrés de la perfection, les sept jours de la création, les sept pétales de rose, les sept branches de l'arbre cosmique et sacrificiel du chamanisme, les sept planètes, les sept sphères célestes… et, en la circonstance, ces "sept mois pour renaître" !

Un septénaire, tout à fait accidentellement humain, profondément intérieur, qui paradoxalement produit moins de sens pour la victime directe que pour la victime indirecte, c'est-à-dire l'entourage. Yves Michel a vécu sept mois au degré le plus fugitif du temps, sept mois d'absence, sept mois qui ne lui appartiennent pas. Ses proches ont vécu sept mois interminables d'attente, sept mois de douleur, sept mois de cris désespérés pour la vie. Double exclusion, double paradoxe, c'est au final une famille entière qui s'est vue retrancher injustement sept mois du bonheur simple de l'existence.

Yves Michel est un cas très rare. Une énigme médicale. Un "miraculé", selon l'expression même d'un corps professionnel peu enclin au déterminisme religieux. Il n'est peut-être pas d'équivalent connu à ce jour quant à la récupération mentale et physique d'un individu ayant basculé dans un coma de cette durée... A croire qu'un fil d'Ariane lumineux est parvenu mystérieusement jusqu'au fin fond du noir labyrinthique de son état de latence. A croire qu'une main céleste, se rappelant à sa règle universaliste du chiffre sept, a extirpé l'un de ses sujets du chaos comme signe manifeste de son existence suprême...

Pas d'intention mystique ici mais seulement une interrogation que je livre à qui voudra bien y réfléchir. Car sept symbolise les sept cieux, l'ensemble du "grand haut", la totalité de ses demeures, la totalité de l'ordre planétaire, de l'ordre moral, de l'ordre spirituel. Si l'on veut bien accepter de mettre de côté un minimum de préjugés, on ne restera pas obtus à l'éclairage que nous apporte l'histoire millénaire des civilisations, l'anthropologie culturelle, la psychologie, etc...

A la lumière de ce qui nous précède, sept préfigure "le sens d'un changement, après un cycle accompli, et d'un renouvellement positif". Cette boucle énigmatique, au carrefour du connu et du rêvé, Yves Michel en a fait l'expérience et le parcours. Il a touché au désordre et au vide, à ce "tohu-bohu" qui définit le chaos premier avant la création du monde. Il revient en quelque sorte d'un voyage cosmique de sept mois dont il n'y aurait rien à dire si l'on s'arrêtait au fait qu'il n'y a rien à voir, rien à ressentir. Seulement un état sensoriel postérieur au réveil, laissant trace d'un néant abyssal de confusion et d'anarchie... étrangement proche de l'obscurité des origines qui précède la genèse dans toutes les religions.

Les consciences qui plongent dans le coma deviendraient-elles, sans le savoir, des consciences visionnaires ? Notre inconscient collectif ne porterait-il pas, au même titre que l'histoire communautaire des hommes, le paysage originel de l'espace et du temps ?

Le chiffre sept est beaucoup utilisé dans la Bible, pas moins de... soixante-dix-sept fois dans l'Ancien Testament ! Un jumeau de sept. Selon les saintes Écritures, le septénaire de l'apocalypse viendrait par la bête infernale du même nom. Une bête à combien de têtes ? Nul doute que vous trouverez la réponse...

Jean ROMER

## *ILS EN ONT DIT...*

**PHILIPPE LABRO**

L'expérience que vous avez vécue, les sensations et les sentiments qui sont les vôtres, ce long sommeil et toutes ces longues douleurs, sont évidemment au-delà de ce que j'ai pu connaître. Il est remarquable que vous ayez réussi à vous en sortir.

**E. LEMENNICIER**

(Service de rééducation en neurologie - Hôpital Poincaré Garches)

"Ce récit de courage, de volonté, d'énergie est attachant et très émouvant. J'ai beaucoup d'admiration pour ce dur et long combat. Si chaque retour à la conscience ne se présente pas toujours de la même façon, il reste une constante : l'angoisse d'un monde inquiétant et malveillant."

**GERARD ROUXEL**

(Directeur de l'APPUI - Accompagnement d'adultes handicapés)

"Sept mois de coma laissent hélas à beaucoup de personnes des traumatismes insurmontables ; puisse ce livre donner espoir et soutenir tous ceux qui souffrent de ce traumatisme et aussi leur entourage. Rien n'est jamais inéluctable, ce témoignage y apporte sa contribution."

**FEMME ACTUELLE**

“Plongé pendant sept mois dans un coma profond, Yves était condamné par la médecine : s’il sortait un jour, il resterait gravement handicapé. Il est pourtant revenu à la vie”.

**LE JOURNAL DES FRANÇAIS SANTE**

“Les médecins ne nourrissaient plus d’espoir. Plongé dans un coma profond, Yves Michel était “légalement” mort.

Aujourd’hui, il raconte son retour à la vie”.

**OUEST-FRANCE**

"Nuit, silence, prison, blanc, noir... les mots dérapent sur la description de cette "petite mort". Mais ils reviennent chaleureux, émouvants, quand Yves évoque sa mère. A l'hôpital, on l'appelle "le miraculé". Le miraculé de l'amour maternel ?"

# Préface

Renaître. Tel est le maître mot du titre de ce livre, par lequel M. Yves Michel a voulu témoigner de ce qu'il a vécu après un accident ayant entraîné un coma prolongé.
Ce terme englobe à la fois la Réanimation, où l'objectif est littéralement de redonner l'âme (anima), source des fonctions vitales, et la Rééducation, où le blessé doit réapprendre les fonctions de la vie de relation.
Cette renaissance est difficile et douloureuse. Les soins médicaux sont indispensables. Toutefois, ils ne sont pas suffisants lorsqu'il s'agit, pour la personne blessée, de rassembler toute son énergie et de persévérer pendant de nombreux mois, pour retrouver sa place dans la société. C'est dire toute la nécessité d'une motivation pour revivre. Cette motivation, il l'a trouvée dans l'affection de ses proches, en particulier de sa mère. Qui, mieux que sa mère, pouvait l'aider dans cette renaissance ?
On ne dira jamais assez l'importance capitale de la famille dans la réadaptation d'une personne traumatisée et (ou) handicapée. C'est pourquoi

tout doit être fait, dans notre système de santé, pour des soins de proximité dans ce domaine, seuls permettant la pleine participation de la famille. L'expérience, dont fait part M. Yves Michel, est quasiment incommunicable. Ce livre doit aider à améliorer la communication avec le blessé, pour les soignants, les divers professionnels et aussi toutes les personnes amenées à l'accompagner dans son retour à la vie.

*Pr Yannick Malledant*
*Service de réanimation chirurgicale*

*Pr Régine Brissot*
*Service de rééducation fonctionnelle*

*Hopital de Pontchaillou*

# PREMIÈRE PARTIE

*Chapitre I*

## *MORT OU PRISON ? L'INTERMINABLE CAUCHEMAR*

J'avais ouvert les yeux dans un lieu insolite. Totalement inconnu. Une salle immense, haute et claire que j'appréhendais comme un vide glacial. Penchées au-dessus de moi, des têtes plus anonymes les unes que les autres. Elles me regardaient comme une bête curieuse. Au-delà de ce premier rideau d'observateurs attentifs, j'avais senti au déplacement de l'air que d'autres personnes s'affairaient autour de moi. A pas feutrés.

J'avais l'esprit nébuleux, les paupières lourdes, le regard inexpressif. Mes yeux vagabondaient mollement de droite et de gauche. Ces paresseux mouvements globulaires traduisaient toute mon incompréhension. Je me demandais ce que pouvait signifier tant de prévenance. Je m'étais étonné que le royaume des morts me réserve pareil comité d'accueil. Quelle bonne action pouvait-elle justifier autant de déférence pour ma personne ?

Il me semblait flotter dans l'éther. J'avais vaguement entendu parler d'une escarre dans le dos qu'il avait fallu refermer. Je trouvais inepte que la mort m'ait emporté sur une simple histoire de tissus mortifiés. Malheureusement, les lois universelles sont inaliénables. Elles ne laissent le choix ni du lieu, ni de l'heure, ni des circonstances. Il fallait m'y résoudre.

Je n'étais pas sans savoir que la mort a ses salons d'attente. J'avais été pourtant surpris de me retrouver là, dans une de ses antichambres. En compagnie de quatre autres malheureux élus. Ils m'étaient apparus dans une atmosphère vaporeuse. Faisaient-ils partie, eux aussi, de ces gens pour qui l'acte chirurgical ou anesthésique se solde par un fatal dénouement ? J'avais dû patienter un bon moment. Comme si, quelque part sur ma voie céleste, il y avait eu un encombrement imprévisible…

Il ne s'agissait pour moi que d'une simple station de transit. On m'avait ensuite attribué une chambre mortuaire personnelle. Dans l'austérité opaline qui la caractérisait, j'avais remarqué sur l'un des murs une tâche haute en couleurs. Si agressive que je la jugeais d'abord indélicate. Presque blasphématoire. En faisant un effort de concentration, la tâche floue avait précisé ses contours pour matérialiser une affiche. Dessus, une équipe de football !

J'avais été déconcerté par le fait de constater que mon sport favori ne soit pas, ici, frappé de proscription. Et carrément stupéfait en réalisant que, sur l'affiche, c'était mon équipe de football ! Mes copains ! Sacrés champions de promotion d'honneur !

Je n'apparaissais pas sur la photo. Sans doute était-ce le jour de mon enterrement ? La remise de la coupe avait-elle eu lieu en présence de ma dépouille… à titre posthume ? Quelle généreuse attention ! A moins qu'ils fussent tous morts avec moi. Auquel cas, je devais être le premier à me soumettre à l'examen de passage. Celui qui décide des conditions de migration du terrestre au supraterrestre. Les autres attendaient leur tour. Quelques-uns d'entre eux se tenaient à l'arrière, habillés en costume sombre. Cette tenue de circonstance voulait-elle dire qu'ils déclinaient l'invitation ? Rechignaient-ils à nous suivre dans l'au-delà ?

J'étais satisfait, à la lecture de cette affiche, de voir où s'arrêtait la solidarité du groupe.

Étions-nous déjà au soir ? Les volets roulants étaient à demi fermés. J'avais du mal à trouver des points de repère. La notion du temps m'était devenue étrangère. J'avais pressé la main de mon père en me demandant si c'était la sienne. Je l'avais palpée pour en apprécier la chaleur, pour en distinguer la taille, pour en reconnaître la forme. Et puis des relents de fioul m'étaient remontés jusqu'aux narines. Cette odeur caractéristique dont ses vêtements étaient si souvent imprégnés. Celle de ses chantiers. Il possédait une petite entreprise artisanale de plomberie et de chauffage. Je l'avais respirée jusqu'à l'écœurement. Juste pour me convaincre que, finalement, j'étais bien vivant. Pour me persuader aussi que mon père était bien mon père. Et que la femme, légèrement postée derrière lui, avait toutes les chances d'être ma mère. J'avais détaillé leurs visages encore longtemps. Je voulais m'assurer qu'ils n'étaient pas des androïdes venus à mon chevet avec quelque mauvaise intention.

Mon lit trônait dans une chambre aseptisée. Seules de rares touches d'une couleur aluminium prêchaient la brillance dans ce désert blanc mat.

J'étais convaincu que l'on me droguait.

Ce jour-là je n'étais pas seulement incapable de bouger. J'avais aussi toutes les peines du monde à rassembler mes esprits. Je me sentais reclus dans un incroyable état d'engourdissement. Il relevait presque d'une dimension surréelle. Depuis combien de temps maintenant me tenait-on prisonnier de cette pièce livide ? Comment en étais-je arrivé à ce point-là, réduit à tant d'impuissance ?

Je ne me rendais pas bien compte de la situation. Mon corps était abîmé, meurtri, disloqué. J'avais les genoux pliés à soixante degrés, le coude gauche soudé, l'autre guère plus mobile, la hanche droite bloquée et mon poing droit complètement fermé. Tellement recroquevillé que les ongles m'entaillaient la chair. J'étais loin de réaliser le terrible inventaire des handicaps qui me terrassaient. En revanche, l'effroi de l'amputation m'avait parfois traversé l'esprit. Car je ne ressentais pas la totalité des sensations que mon corps aurait dû me renvoyer. Je baignais dans une sorte d'apesanteur. La drogue, m'étais-je demandé, servait-elle à me faire ignorer tous les sévices qu'on me faisait subir ?

On m'avait bien parlé d'un accident. Mais je ne pouvais pas me faire à cette idée. Si un choc de cette nature était aussi traumatisant pour le corps, il ne pouvait pas l'être moins pour l'esprit. Non, il ne fallait pas me raconter d'histoires. Un accident, je n'aurais pas pu l'oublier. Alors, je me reprenais de temps à autre à me sentir plus mort que vif.

Une sale pensée me refroidissait. Et si j'avais tué quelqu'un ! Plusieurs personnes même. Une famille entière, redoutais-je. Chaque fois que cette pensée me revenait, j'étais transi de peur. Avais-je à endosser la pleine responsabilité du drame ? Était-il possible que, sans le savoir, on m'expédiât au supplice des damnés ? Mon forfait justifiait-il que l'on m'inflige un tel châtiment expiatoire ?

Deux infirmières me surveillaient pratiquement en permanence. Elles se relayaient avec zèle. Elles avaient le teint frais, les joues colorées. Je n'arrivais pas à leur donner d'âge. Et encore moins à les reconnaître. Vraisemblablement à cause de leur uniforme. Il dépersonnalisait les physionomies. Comme si le blanc de leur blouse avait affadi les traits de leur visage. Le timbre de leur voix constituait mon seul point de repère. A force de les entendre inlassablement épiloguer sur les soins qu'elles devaient me prodiguer. Chacune à son tour prétextait les besoins d'une nouvelle prise de sang pour m'injecter des produits toxiques. J'avais décidé de ne plus me laisser faire.

J'étais devenu un poids-plume d'une quarantaine de kilos. Pour une taille d'un mètre quatre-vingts ! Les forces me faisaient cruellement défaut pour résister comme je l'entendais. Une dérisoire agitation tenait lieu de protestation. J'étais loin d'en tirer les bénéfices escomptés. L'infirmière "pi-queuse" n'en ratait que plus fréquemment mes veines. Elle me déchirait la peau, s'y reprenait à plusieurs fois. Avec insistance, j'avais exigé les services d'une vraie infirmière. Diplômée ! Lorsque je manifestais mon insubordination, elles appelaient du renfort. On m'immobilisait et l'aiguille se plantait sèchement, à mon corps défendant.

Sur la table de nuit, mes parents avaient placé une bonbonnière. Ils m'avaient installé aussi un radioréveil. Sans doute à cause de l'indolence de mes yeux. Elle mettait en évidence l'égarement dans lequel j'avais sombré. Ils s'étaient rendu compte de l'urgence à me faire reprendre racine avec le temps. A partir de ce jour, j'étais resté des nuits entières à regarder clignoter le petit point rouge. A comptabiliser les minutes et les heures pour me maintenir, coûte que coûte, en état de veille. Peut-être mon salut viendrait-il de cet ultime effort de résistance. Ainsi aurais-je l'assurance que personne ne profiterait de mon sommeil pour m'assommer un peu plus à coup de je ne sais quelle drogue. Le temps ne m'avait jamais paru aussi élastique. Mais, indiscutablement, au contact de sa matérialité, je me refaisais un semblant de santé morale. Je me souviens d'une grande salle recouverte de tapis sur lesquels je ne pouvais que ramper jusqu'à un espalier devant lequel j'étais incapable de me redresser. Mon *bourreau* avait tenté de me mettre sur un verticalisateur. Je souffrais le martyre et n'avais absolument aucune idée de la raison d'un tel acharnement.

*****

C'était la deuxième fois de ma vie que j'avais affaire à Jacques Huet en sa qualité de kinésithérapeute. A l'âge de douze ans déjà, je l'avais consulté pour une scoliose. Jusqu'alors, on peut dire que nous avions procédé à de bons échanges de services. J'avais eu l'occasion de le compter parmi les clients de l'entreprise. Et, par conséquent, de réaliser divers travaux pour son compte. Comme nous, il était installé à Châteaugiron. Mes parents n'avaient pas cherché bien loin. Naturellement, ils s'en étaient remis à ce même praticien pour qu'il m'aide à retrouver un tant soit peu d'autonomie. J'avais fixé une nouvelle fois mon père, comme si la terre entière m'en voulait, et le prenais à témoin :

- Ah ! Jacques Huet, le salaud ! Il peut bien retomber en panne de chauffage. Désormais, il se démerdera tout seul. Jamais plus je ne le laisserai m'approcher. Il m'a trop fait souffrir !

Je connaissais pourtant toute la conscience professionnelle de cet homme-là. Sa gentillesse, sa prévenance, son sérieux. Je pouvais d'autant moins accepter l'idée qu'il se compromette pareillement au contact de la secte qui me séquestrait. Qu'il se plie, lui aussi, aux ordres et au dessein de cette organisation maléfique. Qu'il en défende aussi servilement les mystérieux intérêts !

Mais à qui pouvais-je bien faire confiance ? A tous ces hommes qui prétendaient appartenir au service des aides-soignants ? Pas davantage. Lorsque je les interrogeais sur le sort qu'ils me réservaient ou sur l'issue de ma détention, ils éludaient la question. Pire encore, je me souviens du cliquetis obsédant d'un trousseau de clés que l'un d'eux faisait tinter maniaquement dans sa poche de blouse.

Dans la cohorte des sentinelles, un nouveau venu s'était présenté à moi. Bernard, je crois. C'est en lui que j'avais cru pouvoir placer mes derniers espoirs. C'était sa première semaine ici. Il avait été affecté à ma surveillance. De toute évidence, il ne s'attendait pas à avoir la charge d'une si piètre épave. L'effarouchement que mon état provoquait chez lui m'avait étonné. Il m'avait même conduit à penser qu'il était peut-être possible d'en tirer quelque chose. Mais son manque d'assurance et ses airs de contrition touchaient à une telle niaiserie que j'avais dû vite abandonner mes illusions.

Les autres n'avaient rien de repentant. Leur indifférence n'avait d'égal que leur indélicatesse. Il me semblait que leur occupation principale consistait à me manipuler comme un objet volumineux qui dérange. De mon lit à un fauteuil roulant... du fauteuil roulant à mon lit. C'est dans ce siège de handicapé, qu'on me donnait à manger, en position semi-allongée. Souvent, ils chahutaient autour de moi. Ils riaient bruyamment, à s'en décrocher la mâchoire. Je m'offusquais de cette attitude. J'y voyais comme de la raillerie à bon compte. Comme un manque de politesse élémentaire pour un homme diminué dont l'état aurait dû forcer le respect. J'avais leur comportement en abomination. Ils avaient oublié ce qu'était le savoir-vivre. Et pourtant, moi le perclus, je les enviais. Oui, Je jalousais leur liberté. Rageusement. Secrètement.

Un jour, j'avais été tout près de perdre mon sang froid. Lorsque l'un d'eux, une fois de plus, m'avait fait une incroyable démonstration de sans-gêne. Il était entré dans ma chambre comme dans un moulin. Avec grand fracas. La provocation se faisait si systématique que j'avais cédé à l'affrontement.

– Dis-donc, toi ! On ne t'a jamais appris qu'il fallait frapper à une porte avant d'entrer ?

Pour seule réponse, il m'avait adressé un sourire goguenard. Avant de plonger la main dans la bonbonnière et de s'offrir une friandise. Ce n'était pas la première fois. Je lui avais fait remarquer que cette bonbonnière n'était pas sa propriété personnelle. Et qu'il serait de bon ton, une fois de temps en temps, de demander la permission. Alors, il s'était approché de moi et s'était assis sur mon lit. Ce qu'il savait pertinemment être la dernière chose que je pouvais tolérer. L'espace d'un court instant, j'avais cru que son arrogance allait me faire sortir de ma paralysie. Mais sachant qu'il aurait sans doute pris plaisir à cette réaction, je lui avais simplement demandé, avec fermeté de quitter ma chambre. La porte avait claqué en retour. Comme une déclaration de guerre. A la suite de cet incident, j'avais réalisé que mes gardiens ne me feraient plus de cadeaux !

De fait, ils étaient venus me chercher un peu plus tard. Ils voulaient me faire croire à une intervention chirurgicale. C'était soi-disant pour effacer la vilaine empreinte qu'on avait laissée béante sur ma gorge. Elle ressemblait à un gros trou de cigarette. Une autogreffe serait nécessaire. Je ne savais pas à quand remontait cette perforation sous le menton. Elle était là depuis longtemps, sûrement, car les chairs ne se renourrissaient plus d'elles-mêmes. Abîmer-réparer, tel était le martyre qu'on me faisait souffrir. J'avais refusé catégoriquement qu'ils me fassent subir, de nouveau, quelque mauvais traitement. Ce qui m'avait valu d'apprendre, avec le plus grand effroi, que je m'étais déjà laissé faire par trois fois. Docilement !

*****

Le lendemain, c'est avec un bonheur indicible que j'avais eu à mon chevet trois de mes meilleurs copains : Eric, Patrick et Ivan. Leur présence avait fait renaître chez moi une relative paix intérieure. Aussi longtemps qu'un droit de visite serait maintenu, m'étais-je rassuré, il m'était permis d'espérer échapper aux mains de mes tortionnaires. Nous avions parlé des choses les plus futiles qui soient. Souvenirs cocasses et histoires drôles composaient le menu qu'ils m'avaient concocté. La journée avait été presque agréable. Avant leur départ, je m'étais laissé aller à leur décrire l'état d'isolement et de déchéance morale dans lequel je me trouvais. Et puis, j'avais fini par tous les exhorter à me ramener à la maison. Je ne voulais pas passer une nuit de plus dans cette abominable tôle. J'en avais appelé à leur amitié. Je leur avais suggéré, avec un air quelque peu emprunté, de m'héberger chez eux à tour de rôle. En leur promettant solennellement qu'ils n'auraient rien à craindre. Qu'en aucun cas, je ne serais une charge pour eux. Les uns après les autres, je les avais vus blêmir et se dérober sous des prétextes fallacieux.

Étrangement, cet échec cuisant ne m'avait pas accablé. Au contraire, il m'avait fait rebondir sur une autre idée. J'avais chargé ma mère d'entrer en contact avec trois personnes de la *Brigade de Surveillance Nocturne de Rennes*. En prenant le soin de lui en indiquer les noms et qualités. Je l'avais mandée de les faire venir ici. Je faisais là d'une pierre deux coups. Car je disposerais, par là même, d'un excellent test psychologique pour contrôler l'identité de la femme qui se disait être ma mère ! Si tel était le cas, elle ne pourrait pas se soustraire au service que je sollicitais. Pour le reste, j'avais l'intime conviction que Charly se ferait un devoir de m'aider à me faire la belle. Quant à ses deux complices, il ne faisait aucun doute qu'ils accepteraient de couvrir notre fuite. En recourant à la force si besoin était !

J'éprouvais un terrible sentiment d'abandon. Ce même jour, Roland, un ami garagiste, m'avait fait une visite impromptue. A croire que la providence l'avait conduit jusqu'à moi. A peine était-il arrivé que j'avais vu en lui une nouvelle occasion de fausser compagnie à mes geôliers. Mon évasion tournait à l'obsession. Désormais, j'échafaudais plan sur plan. Aussitôt qu'une opportunité se présentait à moi ! Passés les premiers échanges de bienséance, je n'avais pas tardé à le harceler pour qu'il m'emmène avec lui. Lui aurais-je demandé la lune qu'il n'aurait pas montré plus d'hébétude.

Ma requête était-elle à ce point loufoque ? Dans l'instant, il avait catégoriquement refusé, objectant que son bahut était surchargé de matériel. Comment croire qu'il lui était impossible de me libérer une petite place pour me “camionner” ? Je regrettais de m'être montré si direct. Sans doute ma proposition avait-elle été formulée trop hâtivement. Je l'avais effrayé. J'avais bien vu, à sa façon de me regarder, qu'il m'avait pris pour un malade mental en proie à une crise de délire.

J'avais rongé mon frein jusqu'au retour de ma mère. Je redoutais qu'elle ne s'acquitte pas de sa mission pour des raisons aussi futiles que les précédentes. Dès que l'idée me tracassait, je croisais les doigts... de la main gauche ! Enfin, j'essayais. Lorsqu'elle s'était de nouveau montrée, mon excitation était à son comble. J'avais cru que j'allais me dresser sur mon séant. Ce qui aurait relevé stricto sensu de l'exploit. J'étais assujetti à la vie horizontale. Je m'étais tortillé comme un animal rampant. Oubliant littéralement les douleurs que tant de brusquerie m'occasionnait.

Je l'avais assaillie de questions.

– Tu as vu Charly ? Alors, qu'est-ce qu'il t'a dit ? Il va venir, n'est-ce pas ? Et ses deux copains aussi ? Ils vont venir tous les trois ? C'est pour quand ?

Elle ne m'avait pas répondu. Elle s'était réfugiée dans un silence qui en disait long sur la suite des événements. Son visage s'était fermé. Elle avait incliné la tête en pinçant des lèvres. Je sentais que je l'avais regardée avec des yeux d'illuminé. Avec une insistance et une fixité qui touchaient à la monstruosité.

– Dis-moi ! Dis-moi la vérité !

– Je les ai contactés... mais ils ne viendront pas ! Je suis désolée.

Ce qu'elle m'avait annoncé à regret m'était arrivé comme un coup de massue. J'étais resté abasourdi. Sans réaction. Il ne m'était même pas venu à l'esprit de lui demander la raison qu'ils avaient invoquée. Je l'avais dévisagée de nouveau en me disant que peut-être elle m'avait menti. Mais autant de larmes contenues dans ses yeux n'étaient-elles pas la preuve irréfutable de sa sincérité ? Je venais de reconnaître en cela toute la sensibilité et la pudeur de ma mère.

*****

Ce soir-là, ma petite sœur était venue se joindre à nous. Catherine était arrivée pile à l'heure de mon dîner. Comme elle voyait que je manquais d'appétit, elle m'avait proposé une partie de dames. A chaque pion que l'adversaire prenait, elle avait institué pour règle que nous avalions une bouchée de viande ou une bouchée de légumes. D'abord, je l'avais soupçonnée de me laisser gagner. Et puis, la partie avançant, je m'étais aperçu qu'elle faisait seulement semblant de manger. Voilà que même ma petite sœur – la dernière personne en qui je pouvais douter – se mettait à me mener en bateau.

– Tu n'es qu'une tricheuse ! Fous-moi le camp ! Je ne veux plus que tu remettes les pieds ici.

Sans prévenir, la colère m'avait emporté. Désespéré, je m'étais retourné vers ma mère avec un regard implorant. Où donc était passée la générosité que je lui connaissais ? Une dernière fois, je l'avais suppliée de me ramener à la maison.

– Mais regarde-moi. Tu ne te rends donc pas compte ? Ici, c'est un vrai cauchemar que je vis !

En dépit de leur présence répétée, j'avais la terrible impression que mes parents s'éloignaient doucement de moi. Que bientôt, je ne serais plus qu'un minuscule point sur l'horizon de leur vie. Ils démissionnaient. Ils me laissaient mourir à petit feu. Pourquoi se cachaient-ils ainsi la vérité ? Pourquoi ne voulaient-ils pas voir tout le mal qu'on me faisait endurer dans ce diabolique endroit ? Pourquoi une si longue et si douloureuse épreuve ? Pourquoi m'imposait-on cet interminable chemin de croix ? Pourquoi ne voulaient-ils pas intervenir...

Et puis, la nouvelle était tombée. Irréelle. Comme un deuxième coup de massue.

– Prend patience. Demain, c'est fini. Tu sors !

Ma mère avait repoussé jusqu'à la dernière limite acceptable le moment où elle me ferait part de l'incroyable nouvelle. Son calcul était simple... et sage. Elle voulait ménager mes nerfs. Abréger au maximum les derniers instants de ma réclusion qui – cela s'était vérifié – m'avaient paru une éternité.

*****

Le vendredi 1er février 1980 s'était présenté comme une journée à graver d'une pierre blanche. Moi, je n'avais pas la moindre idée du jour et du mois auxquels nous étions. Ni même de l'année ! Tout ce qu'il m'importait de savoir, en cette date, c'était que je quittais l'enfer !

Tout au long de cette journée, je m'étais senti comme une véritable pile électrique. Comme le jeu de dames m'avait porté chance, j'avais décidé d'en faire mon exutoire. Je m'armais ainsi de patience en compagnie d'une stagiaire ergothérapeute, Dominique. Gentiment, elle s'était rendue disponible pour la matinée. Ma concentration très approximative s'était nettement ressentie sur la qualité de mon jeu. J'y déployais les stratégies les plus fantasques. Mais enfin, l'essentiel n'était-il pas que le temps se consume ?

Dès le début de l'après-midi, j'avais demandé à un de mes *bourreaux* de bien vouloir appeler à la maison. J'étais dans l'incapacité la plus totale de composer moi-même le numéro. Ni même d'approcher seulement du téléphone. J'avais pris un ton dégagé, pour qu'il ne décèle pas l'importance capitale que j'attachais à ce coup de fil. J'avais réussi à joindre mon père. Il avait réitéré la promesse que m'avait faite ma mère. La ligne était mauvaise. J'avais de la peine à l'entendre.

– Je dis : ne t'inquiète pas, mon fils. Nous allons venir te chercher. A dix-sept heures.

– Tu n'oublieras pas ? C'est sûr ?

– Oublier ? Impossible. Pas un jour comme celui-là…

Il n'était pas encore quatorze heures que, déjà, j'avais commencé à faire les cents pas dans ma tête.

Tous les quarts d'heure, je tannais mes *bourreaux* pour qu'ils recomposent le numéro de la maison. Le code de la délivrance ! L'idée que mes parents puissent oublier notre rendez-vous provoquait chez moi une peur-panique. A l'affichage digital de mon radioréveil, les chiffres s'étaient mis à faire du surplace. Je m'étais interdit de les regarder. Mes yeux s'y accrochaient contre ma volonté.

Vers les dix-sept heures bien sonnées, mes parents n'avaient toujours pas donné signe de vie. J'étais nerveux. Un long frisson m'avait parcouru. Une épouvantable vision m'avait glacé tout le corps. Et si l'homme qui m'avait parlé au téléphone n'était pas mon père ! Un de ces perfides *bourreaux* avait très bien pu utiliser une ligne intérieure et me donner la réplique ! N'avais-je pas trouvé la voix lointaine, étouffée, à peine audible ? J'avais réclamé autoritairement qu'il me soit permis de rappeler moi-même lorsqu'on m'avait annoncé :

– Ça y est ! Les voilà tes parents. Ils viennent d'arriver !

Les *bourreaux* m'avaient déplacé jusqu'au fauteuil roulant. Je leur avais adressé un sourire de jubilation. Histoire de leur rendre la monnaie de leur pièce. C'était la dernière fois qu'ils procédaient à cette opération : du moins le croyais-je.

Mon père était entré le premier. Il m'était apparu comme le messie ! Il sentait l'air frais du dehors. Et toujours un peu l'odeur du fioul. Quelqu'un avait poussé l'engin. Je ne savais pas qui. C'était sans importance. Pourvu qu'à chaque tour de roue, l'épouvantable souvenir s'éloigne. On m'avait accompagné ainsi jusqu'à la voiture. La lumière était vive et blessante, l'air saisissant. J'avais été hissé sur le siège du passager avant. Mon père avait disposé trois gros coussins pour me protéger les jambes. Il convenait de prendre de minutieuses précautions. De sorte que mes genoux, à aucun moment, ne puissent taper contre la boîte à gants ou la portière.

Mon père s'était mis au volant et, d'un dernier coup d'œil, avait vérifié l'installation. Puis, nous nous étions éloignés de l'abject univers carcéral. Je ne pouvais en détacher mes yeux. Je voulais consommer cette image satanique jusqu'à l'extrême limite de mon champ de vision. Après que la monumentale bâtisse se fut totalement dissipée, je m'étais retourné vers mon père en arborant une expression triomphante.

– Dis-moi que je ne rêve pas !

– Crois-moi. Il n'y a rien de plus réel.

Un soupçon d'inquiétude m'interdisait de savourer pleinement ma joie. Tout au long du chemin qui repoussait au loin mon cauchemar, le doute était venu encore me tourmenter. N'avais-je pas été claustré en dehors des frontières de mon pays ? Je guettais fiévreusement les plaques minéralogiques des voitures. J'avais le vague sentiment d'être à l'étranger.

– Tiens, regarde! Le numéro de département de la voiture, là, devant nous… 35 ! C'est bien le nôtre ?

– Oui, bien sûr !

Nous avions fini par arriver à Châteaugiron. Le chemin m'avait paru long. L'itinéraire que nous avions emprunté compliqué, tortueux. Sur la fin du parcours, il m'était devenu plus familier. J'avais reconnu des maisons. D'autres, en revanche, m'étaient totalement inconnues. Nouvelles sans doute. J'étais un peu tendu. Malgré moi, je cherchais obstinément à déjouer un piège. L'éventualité d'une mise en scène m'avais traversé l'esprit. Un décor, tout autour de moi ! Une parfaite reconstitution ! Mais par quelle monstrueuse machination avait-il été possible de recréer, à l'identique, une commune de cette importance ? Non, il fallait me raisonner… J'étais bien de retour chez moi !

## *Chapitre II*

## *LA TERRIFIANTE DÉCOUVERTE*

Tout Châteaugiron s'apprêtait à fêter dignement mon arrivée. Je me faisais un peu l'impression d'un héros des temps modernes. De ceux qui repoussent et dépassent leurs limites dans la périlleuse traversée des éléments naturels les plus hostiles à l'homme. Des copains, qui m'avaient aperçu dans la voiture, avaient hésité à approcher. J'avais vraiment l'air d'un revenant. Puis, à l'appel de mes parents, ils étaient venus m'accueillir. Plus que chaleureusement. Un vrai bain d'allégresse ! Je n'avais pas tant été étonné par leur enthousiasme débridé que par l'expression stupéfaite qui l'avait précédée. Des masques d'argile. Avec des yeux ronds, figés, démesurément écarquillés. Qu'y avait-il de si extraordinaire dans ce retour à la maison ? Je réalisais que j'avais dû être donné pour mort...

Job, notre chien, un petit caniche au tempérament tranquille, m'avait fait lui aussi des démonstrations de joie. Il avait aboyé, sauté, virevolté autour de moi. Pendant plus d'une demi-heure. Toute cette liesse m'étourdissait. Dans le lot de ces manifestations sympathiques, seuls mes parents étaient restés sur leur réserve. Ils étaient radieux, bien-sûr. Mais derrière leur satisfaction de me retrouver, j'avais senti poindre une certaine anxiété.

Pour ma part, je n'exultais pas non plus. Mon bonheur restait très intérieur. Cette sale histoire me faisait déjà sentir le poids de ses traces. Sans compter qu'elle s'était démêlée d'une manière soudaine. Si inattendue que je n'arrivais pas encore à goûter pleinement ma liberté.

J'appréciais les choses comme elles venaient. Sans excès, sans boulimie. A commencer par la chaleur du foyer familial.

Une partie de belote avec mes copains : tel était le premier plaisir que je m'étais offert. J'étais, certes, bien incapable de tenir mon jeu. Mais ma sœur, trop ravie de me voir renouer avec mon sens ludique, avait volontiers consenti à me prêter ses mains. Quelques tours avaient suffi à leur enjoindre, sans erreur, la carte que j'avais choisie d'abattre. Pas toujours la meilleure, il faut l'avouer ! J'étais encore loin de faire un brillant partenaire. Je jouais mais je n'étais pas au jeu. D'ailleurs, je ne saisissais pas les subtilités de la partie. Mon père avait profité de cette compagnie pour retourner au bureau. Le travail l'y attendait en masse. La réalité économique de l'entreprise... ça aussi, pour moi, c'était devenu du chinois !

Le dimanche, nous devions aller déjeuner à Rennes, chez l'oncle André. Il avait fait promettre à mes parents d'être l'hôte qui aurait la primeur de mon retour à la vie normale. Ce qui était beaucoup dire ! L'invitation avait été visiblement arrêtée longtemps à l'avance. Elle s'imposait à l'esprit de tout le monde comme une obligation incontournable. Sans raison apparente et sans le moindre fondement, j'avais décrété que je ne m'y rendrais pas. Il m'aurait été pourtant aisé de trouver un subterfuge : la fatigue, mon handicap ou encore un moral émoussé. Mais là, non. Ma décision avait été seulement arbitraire. Aussi tyrannique qu'imprévisible ! Sans doute le fait d'avoir été claquemuré aussi longtemps avait-il provoqué chez moi quelque remémoration phobique. L'appréhension de sortir ! Ma mère, bien que fort déçue, n'avait pas insisté un seul instant.

– C'est comme tu voudras, Yves. Rien ne t'oblige à venir. Si ça ne te fait rien, nous allons y aller sans toi. Ca nous fera du bien de sortir, tu comprends ?

– Je comprends.

– C'est dommage, ton oncle aurait été tellement heureux de t'avoir. Il s'en faisait une fête. Dire que cela fait plus de sept mois qu'il ne t'a pas vu. En somme, depuis ton accident !

Je m'étais immédiatement rendu compte à la tête de ma mère qu'elle avait lâché les mots qu'il ne fallait pas. Je m'étais mis dans une colère noire.

– Sept mois ? Mon accident ? Que veut dire cette mascarade ? Mais qu'allez-vous inventer maintenant que je suis sorti de ce cauchemar ? Vous aussi, vous voulez me faire croire à un accident ? Vous voulez donc tous me faire passer pour un fou, c'est ça ? Si j'avais eu un accident, je serais tout de même le premier à le savoir, non ?

– Yves, écoute moi…

– Un accident ! Et pourquoi pas un crime ? Le seul accident que je connaisse, c'est un horrible accident de parcours dans ma vie. C'est de m'être retrouvé en détention forcée. Ils m'ont tout de même bien retenu contre ma volonté, non ? Et vous, vous avez bien vu ce qu'ils m'ont fait subir ? Dans quel état ils m'ont mis ? La torture, les expériences médicales... Regarde-moi tout ça ! C'est quoi ? Le fruit de mon imagination ?

Je m'étais mis à recenser devant elle tous les stigmates que mon corps présentait. Et je les énumérais. Le mot est faible, je les aboyais. Elle était affolée par la violence de mon emportement. Elle s'était retranchée machinalement derrière les premiers meubles lui tombant sous la main. Ensuite, je l'avais vue fureter dans la commode de la salle à manger. Avec la fébrilité de quelqu'un qui aurait cherché une arme pour se défendre.

– Tu ne me crois pas... mais tu sais lire !

Elle avait jeté un journal sur la table. Je ne comprenais pas où elle voulait en venir.

– Ouvre-le. Aux pages District. Allez, ouvre-le !

Après un court instant d'hésitation, je m'étais exécuté. Le journal avait jauni. La peur de ce que j'allais y découvrir m'avait fait trembler. Il était daté du 29 juin 1979. Soit pratiquement huit mois plus tôt.

– Tracteur contre auto : un blessé grave. Tu y es ? J'avais repéré le titre, en effet, en caractères gras. Avant de lire plus avant, j'avais relevé la tête vers ma mère, l'air interdit. J'essayais de puiser dans son regard le courage de me plonger au cœur de la typographie. J'avais attaqué les premières lignes en me retenant presque de les lire. En m'accrochant aux mots comme pour freiner la chute qui m'attendait. Vers 12H45, jeudi, un choc violent s'est produit entre un tracteur et une automobile, au lieu-dit "La Rougeraie"... Puis mes yeux s'étaient mis à courir sur le texte. Jusqu'à buter net sur mon identité Yves Michel, 25 ans, artisan-plombier. L'article s'achevait en spécifiant que je souffrais de multiples traumatismes et que les véhicules étaient hors d'usage.

J'avais relu l'article. Encore et encore. J'avais relevé plusieurs fois la date du journal. En pied de page et sur la Une. Je m'étais enserré les tempes quelques secondes entre les poignets. Si ma mère avait dit vrai... Et elle avait dit vrai puisque le journal en attestait. C'était écrit là, noir sur blanc. Alors, l'immense bâtisse... c'était un hôpital. Je séjournais dans un hôpital. Dans un véritable hôpital ! Tandis que j'essayais de m'accoutumer à cette incroyable réalité, tout le personnel de l'établissement s'était mis à redéfiler devant mes yeux interloqués. Les infirmières, les aides-soignants que je prenais pour des *bourreaux*... et mes copains !

– Maman, tu as le journal d'aujourd'hui, lui avais-je demandé d'un ton calme et déterminé.

Je ne pouvais pas lutter contre une vérité aussi accablante. Nous étions au début du mois de février. J'avais compté sur mes doigts tous les mois. Comme un gosse. Jusqu'à remonter à la date fatidique du 29 juin. Chacun d'eux me résonnait à la tête, tel un claquement de fouet. Et pourtant, ce que je venais de totaliser ne constituait qu'un immense trou noir. J'en avais pris conscience en cet instant. Seulement. Et ma mémoire avait consenti, enfin, à déverrouiller ses cadenas !

*Chapitre III*

## *LES SOUVENIRS SE RÉVEILLENT*

Ce furent d'abord des embryons de souvenirs. Ils m'arrivaient par vagues successives. Des petits bouts d'images, épars : des lieux, des visages, des objets, des bribes de conversation... Sans contexte. Un paysage de clichés hachuré qui, en soi, était déjà un formidable progrès. La restitution de séquences entières m'était encore impossible. Tout se bousculait si rudement dans ma tête. Le soir, on m'avait fait manger. La main qui me restait intacte ne pouvait rien tenir. Pas même une petite cuillère. Ma mère avait été frappée de voir à quel point je faisais honneur à sa cuisine. A la vérité, la faim ou le plaisir gustatif n'avait rien à voir là-dedans. C'est ma mémoire que je voulais alimenter.

Après le dîner, Jean-Yves et Roland, deux amis,

s'étaient aimablement proposés pour me monter à l'étage et m'aider à me coucher. Ce genre d'effort, court et violent était peu recommandé à mon père dont le cœur avait déjà donné quelques alertes. En 1976, il avait subi une opération à cœur ouvert. Sachant cela, de nombreux amis s'étaient mobilisés pour nous rendre ce service : Philippe, Bertrand, Yannick, Yves, José, Didier, Jo et Alphonse...

Après avoir regardé la télévision jusqu'à dix heures, j'avais regagné mes appartements. Ils jouxtaient la chambre de mes parents. De crainte de ne pas m'entendre, en cas de besoin ou d'urgence, ils avaient pris le soin de laisser leur porte ouverte. La nuit qui m'attendait allait être d'une agitation et d'une richesse prodigieuses.

Étendu sur mon lit, je trépignais d'impatience. J'attendais que l'obscurité me révèle à moi-même l'homme que j'avais été avant ma longue absence. J'étais avide de savoir quelles images allaient encore resurgir dans ma mémoire ravivée. Mon esprit bouillonnait d'une effervescence jamais rencontrée. Il guettait le moindre signe qui puisse jeter un pont au-dessus de ma mort temporaire et factice.

Il n'y avait pas deux minutes que l'on m'avait

installé que j'apostrophais mon père.

– Dis-moi, monsieur Sarrazin… c'est bien à la "Closerie" qu'il habite ?

– Oui, c'est exact.

La réponse m'avait rempli d'un immense bonheur. J'avais vu juste. La tête calée dans mon oreiller, je me laissais aller à un large sourire d'autosatisfaction. L'euphorie me gagnait irrésistiblement. En soi, c'était bien peu de chose. Seulement, dans son apparente insignifiance, cette réminiscence marquait de son empreinte un jour nouveau. Celui où je réembrayais la marche arrière. Je ressuscitais. Pour le reste, je ne me faisais aucun souci. N'avais-je pas récupéré le principal en recouvrant mes facultés cérébrales ? Une poignée de minutes plus tard, je déterrais un autre souvenir. Un client qui avait nouvellement sollicité l'entreprise. Il y avait eu Alphonse, à Poprune, Albert, à la Berthelais, Félix, au Grand Launay, et bien d'autres clients.

Un peu plus, tard, dans la nuit, j'importunais de nouveau mes parents :

– Ca y est, j'ai trouvé !

– Tout va bien Yves ?

– Oui, je vous dis que j'ai trouvé !

– Mais trouvé quoi ?

– La formule pour trouver un coefficient "K" de chauffage ! Je m'en souviens maintenant ! $1/K=1/Hi+1/He+\sum e/\lambda+\sum Rth$

J'avais tiré définitivement mon père de son sommeil en le priant de m'écouter. Je voulais la lui réciter. Peu m'importait qu'il ne sache rien de la loi mathématique que je lui énonçais. L'essentiel était que quelqu'un enregistre mes progrès fulgurants. Ma mémoire réintégrait ses souvenirs en un temps record !

– Peut-être bien... C'est possible, m'avait-il répondu.

– Possible ? Non, c'est sûr !

Plus nous nous enfoncions au cœur de la nuit, plus ma sérénade s'enhardissait. Elle m'entraînait dans un rythme endiablé. Comme dans une farandole qui ne veut plus s'arrêter. Elle ne laissait pas de répit non plus à mes pauvres parents. Je cherchais avec opiniâtreté à me mettre à l'épreuve. Toujours plus. Jusqu'à m'imposer le fou défi du listing complet de notre clientèle !

– Yves... Il est bientôt trois heures. Nous, on aurait bien envie de dormir...

Moi, j'étais parti pour une nuit blanche. La plus merveilleuse et la plus enivrante de ma vie. Celle par laquelle je m'exhumais à jamais des ténèbres.

Des pans entiers de ma vie se réveillaient enfin. Alors, pour rien au monde, je n'aurais voulu céder au sommeil. N'avait-il pas assez longtemps abusé du temps précieux de mon existence ? Sept mois !

Je m'étais souvenu, avec une poignante émotion, qu'un jour j'avais été un homme. Un homme comme les autres. Non, un homme amoureux ! Quelle merveilleuse soirée ! Ce devait être à la fin du mois de juin 1979. La chaleur s'était faite écrasante tout au long de la journée. Et puis, elle avait fini doucement par tomber.

Le ciel s'était empourpré de douces lueurs qui n'appartiennent qu'à l'été. Un souffle tout juste tiède nous enveloppait voluptueusement.

J'avais arrêté la voiture à la lisière d'un champ. Au bout d'un petit chemin creux. Il exhalait l'odeur suave de la terre gorgée de soleil. Je revoyais une robe qui soulignait avantageusement son buste. Une robe à bretelles, légère, juste échancrée comme il faut. Toute blanche. Non, avec des imprimés fleuris bleus. Dessous, un corps sage et fluide, merveilleusement épanoui.

Les sensations, maintenant, se mettaient à filer devant moi et j'essayais de les rattraper. Un parfum. Il me faisait tourner la tête. Son parfum ! La douce saveur de la vanille et du jasmin… sur une peau de velours. Des cheveux soyeux et indisciplinés. De douces variations sensuelles. Des étreintes passionnées. Le frémissement des chairs... Quels étaient ces petits bruits secs et importuns qui persistaient à la vitre de la portière ? Je me tordais le cou pour jeter un œil par dessus mon épaule. Quelqu'un nous observait. Tout près. Impudemment. J'avais remis le contact et démarré en trombe. Était-ce la dernière fois que je m'étais pareillement enflammé ? J'avais maintenant son prénom sur le bout de la langue. Babette ! Oui, elle s'appelait Babette !

J'avais senti une molle pulsation. Un étrange et incessant mouvement ondulatoire. Une oscillation qui berce. Mes yeux se remplissaient d'un bleu infini, ma bouche d'un goût frais et salé. La mer ! Le Morbihan, Carnac ! C'était un autre été. Beaucoup plus tôt. Celui de la sécheresse. Une toile de tente. C'est ça, je campais. J'avais fait la connaissance d'une superbe fille blonde. A la terrasse d'un café. Guylène. Elle portait un bandeau dans les cheveux. Et à ses oreilles, des clips guillerets qui célébraient les prés. Des pâquerettes, je crois. Sa robe jaune mettait en valeur un hâle uniformément doré. J'avais fait plus ample connaissance avec elle au cours de soirées et je m'en étais follement amouraché. Il m'avait semblé que nous étions faits l'un pour l'autre.

Mais l'idylle avait été de courte durée. A peine cinq mois. Elle m'avait laissé tomber brutalement. Sans explication. Apparemment, tout cela pour elle n'avait été qu'un jeu. C'était la première fois que pareille déconvenue m'arrivait. J'avais eu du mal à encaisser le coup. Non seulement elle m'avait mis le cœur en lambeaux mais j'avais été terriblement blessé dans mon amour-propre. En un mot, humilié.

Alors, par pure revanche, je m'étais mis à faire marcher les filles à mon tour. Avec une légèreté, qui ne me ressemblait guère. Il fallait que quelqu'un paie pour cette mésaventure. De déclaration en déclaration et de rupture en rupture, je m'affichais chaque semaine avec une fille différente. La vérité est que je m'étais promis de ne jamais me faire reprendre au piège de l'amour.

Et pourtant, je sentais avec une indicible force le poids de l'absence d'un être chèrement aimé. J'avais l'effrayante certitude d'être à ce jour follement épris d'une femme.

Un autre été s'était signalé à ma mémoire. Carnac de nouveau. Et encore ces ondes souples et cajoleuses. Ce balancement délicat à la surface des eaux. Nous étions une bande de six garçons. Tous copains comme cochons. On avait loué un magnifique voilier d'une dizaine de mètres. Au programme, une croisière côtière à partir du golfe du Morbihan, bassin réputé pour ses plans d'eau abrités. Le circuit prévu : le Crouesty, l'île de Hœdic, Belle-Ile, l'île d'Houat, l'Île-aux-Moines, Le Croisic et Le Pouliguen. En tout et pour tout, huit jours de navigation. A la fois long et court. Car on pouvait se demander s'il ne faudrait pas un tel délai pour seulement amariner un équipage dans l'ensemble peu expérimenté. Seul Ricky, notre chef de bord, était un navigateur confirmé. On peut dire que son niveau de compétence dépassait largement l'ensemble de tous les nôtres réunis.

On avait eu une semaine de calme plat. Une mer d'huile. Avec un vent le plus souvent inconsistant. Nous appareillions chaque matin et nous passions le plus clair de notre temps à lézarder au soleil, bercés par le battement des voiles dans le roulis. Au port, le soir, nous débordions de l'énergie accumulée tout au long de ces journées oisives. Nous la dépensions dans de folles nuits où nous traquions les bars, les boîtes… et les filles !

Quelle formidable bouffée d'air frais que ces souvenirs de vacances ! Je réapprenais le goût de la liberté. Je revivais à la seule idée du soleil et du bon temps passé avec mes copains. Comme ce repas gargantuesque à Salles-Curan, dans l'Aveyron, qui précédait un autre mois d'août mémorable. Dernière étape gastronomique avant de nous serrer la ceinture hors de nos frontières.

Nous descendions en Espagne. Combien étions-nous ? Plus encore que d'habitude. Une dizaine. Dix pour un quatre pièces ! Nous avions loué à Benidorm pour un mois. L'heure espagnole, nous l'avions tout de suite assimilée. La ville, cependant, n'est-elle pas réputée pour l'animation de sa vie nocturne ? Aux environs de midi, les plus matinaux d'entre nous démarraient leur journée. On réchauffait la chaudière, comme on dit, au petit café d'en face ! Piètre image du Français à l'étranger. Mais nous n'avions que faire alors d'être les dignes ambassadeurs de notre pays.

Après manger, nous allions nous affaler sur une des deux immenses plages incurvées que domine un amphithéâtre de montagnes ocrées. Là, nous nous délections du plaisir des kilomètres de sable blanc et d'une chaleur qui ne démentaient en rien le mythe de la Costa Blanca. Nous savourions avec délice une mer limpide dont les vingt-huit degrés avaient bonne grâce à apaiser nos coups de soleil.

La baignade, en certains lieux, n'en restait pas moins dangereuse. Pour nous immerger, nous nous avancions sur un gros rocher plat. Au bout de ce promontoire naturel, nous avions de l'eau jusqu'à la poitrine. L'équilibre y était instable. Les remous importants. Un pas de trop ou un pas mal assuré et l'on perdait pied brusquement. Il allait de soi qu'il fallait savoir nager.

Un jour, alors que je m'y étais aventuré, j'avais vu une main surgir de l'eau. A une dizaine de mètres environ. Je m'étais précipité vers elle. Une femme était en train de se noyer. Elle tendait désespérément la tête vers la surface de l'eau. Et à chaque fois qu'elle y parvenait, c'était pour mieux boire la tasse. Ses petits cris entrecoupés de difficiles déglutitions étaient absolument couverts par le brouhaha de la plage. Personne ne pouvait l'entendre. Elle s'était accrochée à moi comme à une bouée.

J'avais eu du mal à la ramener vers le bord. Elle n'avait pas perdu connaissance. Elle toussotait des paroles incompréhensibles. Rouge comme une écrevisse et bleue d'émotion. Ça ne pouvait être qu'une Anglaise ! J'étais fier d'avoir tiré quelqu'un des griffes de la mort. J'avais eu l'impression que, d'un coup, ma vie s'en était ennoblie.

*****

Sur la lancée de notre joyeuse escapade, j'avais dragué une fille en boîte le samedi suivant notre retour d'Espagne. Elle était jeune. Trop jeune. Néanmoins, nous nous étions retrouvés le dimanche après-midi. Tenant sans doute à me revoir, elle m'avait rejoint à la crêperie "Au Cellier". C'était le lieu de rendez-vous d'après-match. Elle était accompagnée d'une amie et de sa sœur aînée… Cette scène venait de se révéler à moi comme une apparition miraculeuse. C'était là que je l'avais vue pour la première fois. Babette ! C'était elle qui faisait encore partie de ma vie à ce jour !

Elle portait un jean et un gilet à poche gousset et dos de satin sur un chemisier blanc. Elle avait l'air plutôt réservé, presque absent. Des traits fins, un visage bien dessiné avec un rien de mystère qui m'attirait irrésistiblement. Elle faisait à peine attention à ce que je disais. Moi, elle m'avait tapé dans l'œil. J'étais tout entier tendu vers elle, à chacun de ses gestes, déjà esclave de son image. Je la regardais avec fascination s'abstraire du monde et du bruit. Alors que sa sœur, elle, n'arrêtait pas d'essayer de mobiliser mon attention. Comme pour marquer son territoire.

Je les avais invitées toutes les trois à boire un verre à la maison. J'avais tout entrepris pour les retenir le plus longtemps possible. Et j'y étais parvenu grâce à une longue séance de photos de vacances. Je cherchais déjà par quels signes subtils il me serait possible de lui faire comprendre le chambardement qu'elle avait provoqué dans mon cœur. Babette s'était coupé le pouce en ouvrant une bouteille d'eau. Je l'avais soignée. Le seul contact de sa main dans la mienne m'avait électrisé. Comme l'émoi m'envahissait, je m'étais aventuré à l'embrasser tendrement. Sans réfléchir. Elle n'avait rien dit. Ce baiser clandestin avait claironné en moi comme une victoire. Une victoire sur moi-même et une victoire sur l'avenir. Elle m'avait ragaillardi. Elle m'avait enflammé.

J'avais attendu quelques jours que ça me passe. Mais je brûlais de l'envie de la revoir. J'étais tombé dans une errance amoureuse qui ne me lâchait plus. Tout me ramenait inévitablement à elle. Je lui avais donné rendez-vous. Elle avait accepté de venir. Je m'étais senti alors pris à mon propre piège. Mes oreilles bourdonnaient. J'avais chaud. Mon regard faussait compagnie à ce que je voulais exprimer. Ma bouche ne réussissait pas à articuler un seul mot convenablement. Elle avait ri. Et elle m'avait rendu mon baiser. Le plus naturellement du monde. J'étais aux anges. J'aurais voulu que ce moment dure à jamais.

Les semaines et les mois qui suivirent furent tous plus merveilleux les uns que les autres. Notre couple rayonnait d'un bonheur accompli et d'une parfaite complicité. Nos regards convergeaient vers le même avenir. Les autres, autour de nous, devenaient presque de trop. A chaque instant, je voulais lui démontrer à quel point je l'aimais. Je lui avais promis des vacances ensemble. Pour nous deux seulement. Mon idée était de l'emmener huit jours à Salles-Curan où travaillait mon frère, quinze jours aux Baléares, puis huit jours près de Toulon pour faire de la plongée sous-marine. Après ce mois passé loin du quotidien, sans rien ni personne pour venir troubler notre amour, nous avions convenu d'officialiser nos fiançailles. Nos parents respectifs qui s'étaient déjà rencontrés, eux, s'étaient réjouis à l'idée du mariage que nous avions annoncé. Nous nous sentions bien ensemble. J'avais la ferme conviction que rien, jamais, ne serait assez fort pour nous séparer !

*Chapitre IV*

## *LA FATALITÉ EN PLEINE LIGNE DROITE*

Putain d'accident ! Il m'avait fauché dans la fleur de l'âge. A vingt-cinq ans. Et je ne m'en souvenais même pas. Tout me revenait en mémoire, sauf ce putain d'accident !

J'avais demandé à mes parents de m'en relater les circonstances exactes. J'avais surtout insisté pour qu'ils prennent le soin de m'en faire un exposé minutieux. Sans jamais rien escamoter de l'histoire. Ce qui leur paraîtrait inutile aurait peut-être un sens pour moi. Peut-être trouverais-je un indice d'une importance capitale… A la lumière du plus insipide des détails, je voulais croire qu'il me soit possible de tout reconstituer.

Il faisait beau. Tellement beau que j'avais quitté

la maison en chemisette à manches courtes. Sans rien d'autre. Vers huit heures. Nous étions le 28 juin 1979. Mon programme était ainsi établi. Rendez-vous d'abord chez un client pour établir un devis en vue de l'installation d'un chauffe-eau solaire. Puis, au terrain de camping municipal de Rennes, où l'on avait décroché tout le marché de plomberie. Je devais faire le point sur le chantier et contrôler la pose des accessoires de toilette. Et enfin, visite chez un grossiste pour récupérer un paquet de douze miroirs.

Aux environs de midi, je regagnais Châteaugiron. Sans doute la faim au ventre. Cette route, je la connaissais par cœur. J'aurais été capable de lui restituer son dessin dans ma tête, mètre par mètre. Mon père m'attendait pour déjeuner. Seul. Ma mère était partie faire des travaux de tapisserie dans la maison de Dinard, résidence secondaire que mes parents venaient tout juste de rénover.

Des témoins rapportèrent la suite. En pleine ligne droite, sur la route nationale, un tracteur était sorti d'un chemin situé sur ma droite. Sans marquer le stop ! Il avait débouché brusquement face à moi, à une vingtaine de mètres. Bien que je me sois légèrement déporté sur la gauche, le choc avait été inévitable. Une collision de plein fouet.

La voiture s'était écrasée contre le tracteur, puis elle avait rebondi et glissé en pivotant sur elle-même jusqu'au fossé.

J'étais sans connaissance, pris au piège d'un amas de tôle qui s'était replié sur moi, déchiquetant mes chairs. Je saignais abondamment et notamment des oreilles. Le premier secours qui se présenta sur les lieux de l'accident n'était autre qu'un étudiant en médecine. Le hasard ! Il avait bondi de sa voiture avec un stéthoscope à la main. Il ne lui fut pas difficile de conclure immédiatement à un sérieux traumatisme crânien et à des fractures aux membres inférieurs. Le moteur avait reculé dans l'habitacle !

Le jeune homme avait pu constater très rapidement que mon cœur battait encore... Mais pour combien de temps ? Alors, à toutes jambes, il avait couru vers le premier café pour appeler le SAMU. Puis, il avait attendu à mes côtés pour empêcher quiconque de me toucher et de commettre une maladresse irréparable.

Colette, une amie d'enfance, fut une des premières personnes à s'être arrêtée juste après l'accident. En découvrant l'identité de la victime, et surtout en comprenant la gravité de mon état, elle avait été tout de suite fortement commotionnée.

Il fut au-delà de ses forces de rester là un seul instant. Me voir ainsi mourir sous ses yeux, sans possible intervention, lui était insupportable. René, un dirigeant du club de football, faisait également partie des spectateurs impuissants du drame. Il avait été alerté par le concert stridulant des sirènes hurlantes et désaccordées du SAMU, d'une ambulance et de la police. Le sinistre convoi roulait à pleine vitesse, en formation serrée, sur la route nationale. L'émotion avait aussi pris René à la gorge face à une scène aussi consternante. L'odeur âcre du caoutchouc brûlé. Un homme prostré, assis dans le fossé. Un tracteur au beau milieu de la route, la roue avant droite pliée, celle de gauche arrachée. Et surtout une voiture broyée, littéralement compressée. Ma voiture ! Réduite à un amas de ferraille, comme miniaturisée. Lorsqu'il m'avait vu coincé là-dedans, baignant dans mon sang, lui non plus n'avait pas donné cher de ma vie !

Sitôt arrivés, les médecins du SAMU m'apportèrent les premiers soins, à l'intérieur même de la voiture. Les conditions d'intervention s'avéraient particulièrement délicates du fait d'une inaccessibilité quasi totale. Il fallait me dégager rapidement des monceaux enchevêtrés de fer et d'acier. Sans quoi, je ne résisterais pas longtemps à mes blessures.

Jean-Luc, un copain qui travaillait tout près du lieu de l'accident, était revenu en toute hâte armé d'une barre à mine. Il avait eu l'effroyable vision de me voir basculer dans la mort. Il voulait absolument faire quelque chose. On aurait dit qu'une grenade avait explosé dans mon coffre. Mes caisses à outils avaient été pulvérisées. Leur contenu, catapulté dans la voiture. Un terrible fouillis, comme après un coup de grisou ! La difficulté essentielle des manœuvres de secours consistait à dissocier mes jambes du moteur. A recourber les morceaux de métal mêlés à ma chair aussi délicatement qu'on corne les coins d'une feuille de papier. Après beaucoup d'efforts déployés autour de l'épave, la désincarcération avait eu raison de la récalcitrante carcasse.

Pas moins de six personnes s'étaient aussitôt mobilisées autour de mon brancard. Multipliant les gestes d'urgence que nécessitait mon corps brisé, inerte ; redoublant à chaque instant d'infinies précautions. Mon père, prévenu par Colette, était arrivé en même temps que le docteur Roussel, mon médecin traitant. Le véhicule du SAMU avait déjà refermé ses portes. Le signal sonore avait retenti de nouveau. Le départ s'annonçait imminent.

Mon père, bien que bouleversé, avait tenu à voir ce qu'il restait de son fils. Un pantin désarticulé ! Un dernier souffle d'agonisant ! On l'avait autorisé à s'approcher tout près de moi. Rien qu'une petite seconde. Le temps d'un adieu. Car, dès lors, chacune d'elle comptait. Mon fémur droit présentait tant de fractures qu'il me rendait pratiquement intransportable. On envisagea même de faire venir un hélicoptère pour assurer mon transfert à l'hôpital bien qu'il ne fut distant que d'une douzaine de kilomètres. Ce fut pourtant le SAMU qui, à la vitesse de l'escargot, me transporta sur une route cahoteuse où chaque soubresaut de l'ambulance était dans ma chair comme un véritable coup de poignard. Le siège de ma R5 TS m'a très certainement évité le coup du lapin, le port de ma ceinture de sécurité qui m'a laissé un bleu durant plusieurs mois m'a assurément sauvé la vie.

*Chapitre V*

## *LA SPIRALE DE L'HORREUR*

Ma pauvre mère, absente de la maison, était bien loin de se douter du terrible malheur qui venait de frapper notre famille. Comment lui annoncer une nouvelle aussi épouvantable sans lui briser le cœur ? Tel était l'affreux dilemme qui s'était posé à mon père. Mais il ne pouvait pas reculer bien longtemps. Il se devait de la prévenir au plus tôt. Et cette tâche, aussi douloureuse était-elle, ne pouvait incomber à personne d'autre que lui.

Spontanément, des amis s'étaient proposés pour l'accompagner. Notamment la femme du docteur Roussel. Mon père avait fini par accepter les services d'un voisin charcutier. Il était si affligé qu'il lui était impossible de prendre le volant. Tout au long du chemin qui le conduisait vers ma mère, il avait eu les yeux remplis de larmes et la voix étranglée par les sanglots. Face à elle, il avait fait bonne figure, cachant son abattement. Et derrière cette façade, la vérité elle aussi s'était dissimulée. Elle était restée enfouie au fond de lui-même. Comme scellée dans la glue de son désespoir. Ma mère, toutefois, n'avait pas eu de peine à comprendre qu'il s'était passé quelque chose de grave. Elle ne pouvait pas manquer d'interpréter en ce sens ce déplacement imprévu. Mon père ne voulait surtout pas l'alarmer. Pas trop tôt, en tous cas. Devant ses questions, il était resté assez évasif.

– Qu'est-il arrivé ?

– C'est Yves, il a eu un pépin ce matin. Il a mal à une jambe. Sûrement cassée…

– Où est-il ?

– A l'hôpital. Il vaudrait mieux que tu rentres.

– Tu es venu avec quelqu'un !

– Oui, je ne me sentais pas très bien.

– Ton cœur ? C'est ça ?

– Non, non, ne t'inquiète pas. Seulement un coup de pompe. La journée n'a pas été facile…

– Comment est-ce arrivé ?

– Sur un chantier. Ou plutôt en revenant d'un

chantier…

Mon père avait coupé court à la conversation en lui disant qu'il n'avait pas plus de détails pour le moment ; qu'ils en sauraient plus une fois rentrés.

Ils arrivèrent à Châteaugiron en fin d'après-midi. A la maison, mon père avait interrogé ma sœur pour savoir si l'hôpital n'avait pas appelé. Catherine était loin de se douter combien la situation était alarmante. Aussi s'était-elle naturellement étonnée de la question. Mais, après un simple froncement de sourcil, elle avait répondu que non. Le plus négligemment du monde. Le soupir et la mimique rassurée de mon père avaient d'abord intrigué ma mère. Puis, ils l'avaient franchement tracassée. Lui voulait seulement se forcer à croire qu'en l'absence de coup de fil l'espoir était sauf. Son fils tenait bon et s'accrochait à la vie ! Il avait composé plusieurs numéros de téléphone pour savoir où il était possible de me voir.

– Alors?

– Il est à l'hôpital de Pontchaillou. Un accident de voiture, sur la route de la maison…

– Un gros choc ?

– Impossible de le savoir. Le véhicule est au garage…

En passant à hauteur du garagiste, ma mère avait tourné la tête et interrogé mon père du regard. Elle n'avait pu s'empêcher de manifester son envie de s'arrêter quelques secondes.

– On pourrait peut-être demander ?

– Demander quoi ?

– Tu as raison, Yves a sûrement besoin de nous !

Dans l'état qui était le mien, je n'avais à vrai dire besoin de personne. Dès mon arrivée, j'étais descendu au bloc et mis en réanimation avec respiration, ventilation et tubage. J'avais été placé entre des mains expertes. Le docteur Fouché, qui était le chirurgien orthopédiste de garde, s'était employé aussitôt à réduire les nombreuses fractures que je présentais aux jambes. Double fracture ouverte complète du col du fémur et fracture pluri-fragmentaire du fémur lui-même. Il avait réussi à sauver ma jambe droite de l'amputation. Ce qui, au regard de son piteux état, n'était pas la moindre des prouesses. La réduction avait été obtenue par voie sanglante et la contention assurée par une lame-plaque à dix-huit trous. Par ailleurs, mes nombreuses plaies au thorax et aux bras avaient été refermées. Il ne me restait plus qu'à me réveiller.

Mes parents, dans un premier temps atterrés, repartirent de l'hôpital confiants. L'intervention avait été couronnée de succès. J'étais vivant et je m'en tirais entier. Pour l'heure, et compte tenu de l'état dans lequel j'avais été admis, on ne pouvait pas espérer meilleur dénouement. J'étais hors de danger et cela suffisait amplement à leur réconfort.

Après avoir passé une vraie nuit d'insomniaques, ils furent de nouveau à mes côtés, tôt dans la matinée. Sur la route, ma mère avait obtenu de mon père, cette fois-ci, qu'ils s'arrêtent au garage. Cette confrontation avec la ferraille et le sang l'avait profondément atteinte. Comme si elle s'était recueillie longuement sur mon tombeau. J'avais réussi à prononcer leurs prénoms. René, Janine. L'expression de ma relation à la vie extérieure s'était arrêtée à ces deux seuls mots.

Mais deux jours plus tard, je tenais des propos sensés en présence du chirurgien qui m'avait opéré. Un petit bout de conversation qui annonçait les prémisses d'un rétablissement normal. Plus rapide même qu'on pût l'espérer. En ce 30 juin 1979, soit deux jours après mon accident, l'intubation trachéale m'avait été retirée et j'étais transféré en traumatologie. A l'hôpital de l'Hôtel-Dieu, dans un service baptisé du nom de Saint-François. Ainsi avais-je quitté un service flambant neuf, tout juste inauguré, pour un environnement décati au fin fond d'un vieux bâtiment lugubre. Mon état ne suscitant plus de grave inquiétude, toute ma famille avait été informée de mon hospitalisation. Babette , complètement retournée par la nouvelle, s'était précipitée à mon chevet.  Elle était restée auprès de moi autant que son emploi du temps le lui permettait.

Alors qu'elle pensait que le plus dur était passé, je me mis à présenter de sérieux troubles neurologiques. Elle avait bien essayé de me soutenir de son mieux, de me raccrocher à la vie par tous les moyens. Stoïquement. Mais, jour après jour, je m'éloignais d'elle un peu plus. Elle m'avait parlé de nous, de nos prochaines vacances. Elle me glissait des secrets intimes à l'oreille... Il était déjà trop tard. Je n'entendais plus. J'errais dans un autre monde qui échappait aux autres comme à moi-même. J'avais de nouveau sombré, sans explication, dans ce qu'on appelle « l'intervalle libre ». Le garçon plein de vie qu'elle connaissait n'était plus qu'un garçon plein de silence... Creux, absent, inexistant !

*****

Mes premiers signes de lucidité postopératoires n'avaient pas été suivis de l'amélioration escomptée. J'avais été placé sous respiration assistée avec ventilation et trachéotomie. Le diagnostic était sombre : coma au stade II. Soit un traumatisme grave avec des désordres neurovégétatifs, fièvre et hypertension artérielle. Ils mettaient directement en jeu le pronostic vital.

Pour le coup, on pouvait vraiment sentir l'air vicié de l'antichambre de la mort. Moi qui m'étais arraché quelques phrases juste après l'opération, j'avais perdu sèchement l'usage de la parole. Plus rien ne me rattachait à la vie. Pas même cette horrible nutripompe qui m'encombrait le nez et la gorge et dont mon corps refoulait maintenant la rebutante substance liquide. Mal branchée, la machine fonctionnait à l'envers et pompait goulûment mon estomac comme une sangsue. Fort heureusement, mon père s'en était aperçu. Il connaissait la manœuvre pour inverser le sens de rotation du moteur coupable de cette déviation aberrante.

Je partageais ma chambre avec un autre malade.

Un paravent nous séparait. De l'autre côté, des râles poussifs et sifflants indiquaient que la mort rôdait là aussi. Mon voisin souffrait de troubles étranges, des ébranlements violents qui l'agitaient surtout la nuit. Comme des cauchemars suivis de brusques évanouissements. Ses râles, au dire de mes parents, étaient impressionnants. Il se plaignait d'une multitude de sensations anormales : des picotements, des tremblements, des bourdonnements et surtout un engourdissement croissant dans les membres inférieurs.

Moi, j'habitais déjà le monde de la torpeur. Celui où la douleur n'est plus qu'un mot vide de sens. Et, bien que mon cœur fut solide, ma fin s'annonçait  proche. Autour de moi, on était convaincu que mon seuil de résistance à l'épreuve avait déjà largement atteint ses limites. Mon proche entourage semblait lui aussi en avoir la certitude. Le soudain déplacement de Hervé, mon frère cuisinier dans l'Aveyron, alors que la saison touristique battait son plein n'en était-il pas la preuve criante ? Sans doute s'était-il fait violence pour venir me voir une dernière fois vivant.

Il savait la cause perdue. Il était arrivé dans l'après-midi, accompagné de mes parents. Tout ce que j'avais à lui offrir était un spectacle de désolation. Cloué à mon lit comme un paralytique, j'avais la mine décomposée, le nez pincé, la peau pâle comme un linge, les mains et les pieds cyanosés. J'étais froid, cadavérique. Presque dans cet ailleurs d'où l'on ne revient pas. Très manifestement, mon esprit affichait une absence totale.

Mon frère reprit le train le soir même, fortement choqué par l'état dans lequel il m'avait trouvé. Juste avant son départ, mes parents lui promirent qu'il serait avisé dès que tout serait fini. Comme le chemin du retour avait dû lui sembler long !

De nouveau à mon chevet, mes parents furent stupéfaits de retrouver un tout autre malade. Bouillant, les yeux illuminés par une flamme torve, le visage cramoisi, je suais à grosses gouttes. Je m'agitais comme un beau diable, secoué par d'incessants tremblements. En l'espace d'une demi-heure, ma température était grimpée en flèche de 36°2 à 40°8. Ils restèrent longtemps à mes côtés. Ils s'attendaient au pire. Et pourtant, je m'accrochais encore et encore, défiant ainsi tous les pronostics alarmistes.

*****

J'avais passé le cap de la première semaine. Celui où le taux de mortalité est le plus élevé. Je rentrais dans la phase d'un coma chronique pour lequel la durée est imprévisible et les risques de complications majeurs. Je faisais de nouveau une énorme frayeur à mes parents au matin du 14 juillet 1979. A dix heures, ma température dépassait les 41°. Tout aussi subitement. Sans que personne ne pût le prévoir. Hélas, il y a des jours comme celui-ci où il ne faut pas faire des siennes. Fête nationale oblige ! Il fallut attendre les vingt et une heures pour qu'un médecin vienne me voir. Simple formalité car, de toute évidence, il n'y avait plus grand chose à faire. Mon cas semblait plus que désespéré. Tout le monde capitulait. Sauf moi qui, inconsciemment, tenait miraculeusement à la barbe du corps médical. C'est ainsi que j'allais vivre mon premier mois de coma !

Ce n'est que le vingt-sept juillet que le service Saint-François renonça à me garder plus longtemps sous sa responsabilité entre la vie et la mort. Il se prononça pour un retour vers la case départ et me réorienta vers le service de réanimation chirurgicale de Pontchaillou.

Cette décision n'intervint qu'à la suite de l'intervention répétée du docteur Roussel, notre médecin traitant, que ma mère avait alerté. Il lui semblait avoir décelé dans mes urines, sans que le personnel de l'hôpital y prête la moindre attention, une coloration anormale. Elle s'apparentait à des traces de sang. Il s'avéra que ses dires étaient exacts. Je ne sais quelle fut la nature des propos du docteur Roussel à l'égard du personnel du service. Toujours est-il que leur virulence eut pour effet mon retour illico vers l'hôpital Pontchaillou. Dans la matinée même ! A croire que la fierté et le besoin de reconnaissance d'un service hospitalier passent avant la vie d'un homme !

Chose sûre, ma place n'était plus ici. Je crois même qu'elle n'était plus parmi les vivants. Les stimuli de toute nature étaient inefficaces. Toute réaction avait disparu. Je faisais ma première septicémie. J'en refis deux autres par la suite. Mon hyperthermie était presque de 42°. Autant dire que la seule délivrance que l'on pouvait espérer pour moi était la mort.

D'ailleurs, mon état avait suscité une mobilisation générale. On se préparait à mes obsèques. L'entreprise avait inhabituellement prolongé les congés annuels. Les formalités en prévision de mon enterrement avaient été engagées. Dire que je m'étais promis un mois d'août exceptionnel avec ma fiancée.

Les Baléares, la plongée sous-marine... Les seules profondeurs où je m'abîmais... n'étaient qu'un voyage sans retour.

*****

Mon coma durait et, chaque jour, m'affaiblissait un peu plus. Ma nutripompe, elle, ne renonçait pas à son labeur quotidien. Les sérums de toutes sortes m'engorgeaient les veines sans discontinuer. Mon poids n'en chutait pas moins à une allure vertigineuse. Au rythme de ce régime draconien, je passais de 72 kilos à 52 kilos !

On commençait à constater par ailleurs la formation de calcifications osseuses, appelées ostéomes, dans mes différentes articulations. Plus le temps passait, plus mon corps se dégradait comme un habit loqueteux. Le stagiaire kinésithérapeute à qui je servais de cobaye « vivant » ne cachait pas, chaque jour, qu'il pensait me voir pour la dernière fois. Son rôle consistait à m'éviter des complications orthopédiques, respiratoires et cutanées. Il me prodiguait des soins actifs. Je souffrais de flexum aux genoux et d'une hypertonie musculaire avec des rétractions tendineuses importantes. Il veillait quotidiennement à un positionnement adéquat sur mon lit pour distribuer le tonus à mes muscles et aussi pour prévenir la formation d'escarres.

Seuls mes parents ne voulaient pas abdiquer devant la cruauté et l'injustice du sort. Ils luttaient intérieurement contre eux-mêmes pour ne pas céder au renoncement. Ils s'étaient mis à vivre peu à peu au rythme de ma seule vie physiologique. Dans le fol espoir qu'elle suffirait peut-être à me ramener, entier, parmi eux !

Et puis, bien qu'on leur certifiât que je ne les entendais pas, ils décidèrent de me parler. Le plus souvent et le plus longtemps possible. Ma mère excellait dans cet exercice. Elle enchaînait, dans un monologue de forcenée, de longues suites d'histoires. De celles qui font la vie de tous les jours. Elle était devenue la reine intarissable des menus potins. Si j'avais pu en attraper seulement quelques-uns au vol, je crois qu'ils m'auraient cassé les oreilles. Mais mon visage restait impassible, inexpressif, impénétrable.

Pas la moindre réaction, pas le moindre signe de compréhension ! Mes yeux égarés ne pétillaient plus d'aucune étincelle. Ils restaient fixement accrochés au plafond. Mes membres, eux aussi, refusaient désormais de bouger. Combien de temps me restait-il à vivre ?

*****

Mes poumons commençaient à être très encombrés. L'expectoration devenant difficile, on entendait avant d'entrer dans ma chambre le râle et le bouillonnement que produisait ma poitrine. Ma respiration devenait difficile et superficielle, avec des inspirations accélérées et une petite toux courte et sèche qui secouait ma cage thoracique. Mon pouls était irrégulier et intermittent.

Mes lèvres et l'extrémité de mes doigts avaient considérablement bleui. Mon cas eût été définitivement réglé sans cet appareil de respiration assistée avec ventilation. On m'en avait gratifié ce fameux 27 juillet, le jour de mon transfert expéditif au service de réanimation chirurgicale de l'hôpital Pontchaillou. Sa pose avait nécessité une trachéotomie. Horrible plaie au beau milieu de ma gorge qui assombrissait un peu plus le dramatique tableau.

*****

Je déjouais encore la mort durant le mois d'août. Par quel miracle ? Plus personne maintenant ne pouvait se prononcer rationnellement. Peut-être devais-je ce fait prodigieux aux prières du pâtissier de Châteaugiron et à la carte qu'il avait expédiée à mes parents depuis... Lourdes.

Au terme de ce deuxième mois d'isolement dans un cocon d'absence, seule ma mère croyait fermement en une résurrection possible. Pour les autres, chaque son de cloches inhabituel à Châteaugiron m'était destiné. Chaque jour, les regards faisaient la chasse aux avis d'obsèques dans le journal. Ma famille jusqu'à mon père n'y croyait plus un seul instant. Un interne, ami de mon frère Alain, lui avait certifié qu'on approchait de la fin. Tous pensaient bien faire en préparant ma mère au pire !

De l'avis officiel des médecins, il ne fallait donc plus rien espérer. Il ne m'était donné plus aucune chance de m'en sortir. Les examens électro-encéphalographiques mettaient en évidence un tracé inlassablement plat. Les timides reliefs qu'il esquissait ici et là ne mobilisaient plus, depuis longtemps, l'attention de quiconque.

Je ne survivais que grâce à l'assistance médicale, l'acharnement thérapeutique... et une énorme chance, inexplicable !

Je recevais du Gardénal en raison de mouvements rythmés au niveau des lèvres, évocateurs de troubles épileptiques. Aucun acte chirurgical n'était envisagé à court ou moyen terme. On parait seulement au plus pressé.

La préoccupation du moment concernait les problèmes infectieux que je présentais. Ils étaient d'origine encore mal déterminée, vraisemblablement pulmonaire ou urinaire. J'étais tombé dans un état de coma végétatif prolongé. Celui qui définit la mort cérébrale et légale. Ma mère, elle, continuait d'affirmer opiniâtrement contre tous que chaque signe comptait. Ce à quoi le personnel gravitant dans les hautes sphères du service lui répondait invariablement qu'à Lons-le-Saulnier un malade, comparable en tous points, avait une activité cérébrale pareillement inexistante depuis plus de vingt ans. Cette conclusion irréversible me promettait donc au mieux pour seul avenir une vie végétative. L'affirmation, répétée de concert, faisait tellement parole d'évangile que mes frères et sœurs s'étaient faits partisans de l'euthanasie. Je crois que moi aussi, à leur place, ne sachant pas ce dont je suis convaincu aujourd'hui, j'en aurais été partisan. En effet, le cerveau d'un comateux stade

I ou II continue de vivre et il faut le stimuler sans cesse pour qu'il puisse se réveiller intact. Au son de la voix de ma mère mon cerveau se battait pour ne pas s'endormir à jamais. Mes poumons de leur côté luttaient contre l'épanchement purulent qui les enflammait. Une toux spasmodique ne me quittait plus et j'étais pris sans relâche d'essoufflements violents. Je résistais néanmoins à cinq pleurésies successives. Autant d'alertes rouges qui faisaient de moi un sérieux candidat à la tuberculose. On avait procédé à un drainage thoracique, pleural, et à des fibro-aspirations. Heureusement, je n'avais jamais fumé auparavant. Je m'étais même toujours attaché à développer ma capacité respiratoire. En immersion totale, je pouvais couvrir aller et retour la largeur de la piscine olympique de Rennes, soit deux fois vingt-deux mètres !

*****

Le mois de septembre fut aussi noir que le mois d'août. Aucune amélioration significative. Rien qui put amoindrir le calvaire de mes proches. Pas un présage ne vint lever les doutes ou contredire les certitudes. Seulement un troisième mois de vide absolu et d'attente interminable.

On s'occupait désormais de moi comme du plus ordinaire des malades. Depuis quelque temps, on m'avait seulement installé sur un lit à matelas « fluidisé » afin que mon inertie n'entraînât pas la prolifération des redoutables escarres. Malgré cette prévenante attention, j'en fus la cible privilégiée. En tous points habituels : le bas du dos, les bourses, les poignets, les genoux et les talons.

Plus le temps s'éternisait, plus les visites de ma fiancée s'espaçaient. Il faut reconnaître que j'étais devenu d'une laideur et d'une maigreur à faire peur. J'avais fondu vertigineusement pour atteindre les 38 kilos !

Les médecins ne s'en préoccupaient pas outre mesure. En revanche, la persistance de la fièvre avec des élévations à plus de 41° leur faisait craindre une affection tuberculeuse. Je rejetais, par la canule qui traversait ma gorge, de vilaines et écœurantes sécrétions qui voyageaient lentement dans le conduit vidangeur. Un jour, elles se constituèrent en un amas tellement compact que, sous la pression, la canule fut projetée tel un bouchon de champagne contre la cloison de ma chambre. La présence en cet instant de Jacques Huet, le kinésithérapeute, permit de me porter secours très rapidement. La courte absence de la buse ne fut pas préjudiciable à mon état pourtant très précaire. Je porte toujours, autour du cou, la cicatrice laissée par le cordon de la canule.

Pas un jour ne passait maintenant sans que l'on songe, avec la même angoisse, à la mort qui me guettait. Ainsi abordais-je un nouveau mois sans la moindre évolution. Mon cas glissait dans une terrifiante normalité où le handicap, la maladie, les dégradations d'ordres divers devenaient choses communes aux yeux de tous. On se demandait seulement jusqu'où me conduirait cette farouche insoumission au dépérissement...

*****

Arrivé le mois d'octobre 1979, ma mère ne s'était toujours pas résignée à rendre les armes. Contre l'avis général, elle voulait croire que sa présence quotidienne à mes côtés servait à quelque chose. Elle ne manquait pas à ses exercices de stimulation et s'y adonnait avec conviction. Dans mon regard, elle guettait la lueur de vie qui naîtrait de son acharnement et me ramènerait parmi les hommes.

De temps à autre, elle croyait constater d'infimes progrès, enregistrer une victoire. Il lui semblait, notamment, que mes yeux se déplaçaient pour suivre quelque chose. Elle courait aussitôt en informer les professeurs du service qui, en général, par un simple haussement d'épaules fataliste la ramenaient à l'immuable et cruelle réalité. Ils se prêtaient quelquefois, surtout pour lui faire plaisir, à des tests élémentaires de lucidité. Yves, ferme deux fois tes yeux pour dire oui, une fois pour dire non. Ou alors : Yves, suis cette photo des yeux. Le signe que ma mère attendait avec une patience à toute épreuve n'arriva jamais.

Ces quatre mois durant lesquels on ne releva pas la moindre amélioration m'avaient terriblement affaiblis. Si mon état général demeurait stationnaire, mon poids continuait de chuter. Il tombait à 28 kilos. Il ne me restait que la peau et les os. Efflanqué, j'avais tout du cadavre exhumé auquel on eut insufflé la vie artificiellement. J'ai survécu à cinq pleurésies, trois septicémies successives, une fièvre de quarante et un degrés sept, durant quinze jours, et de quarante-deux degrés quatre, pendant trois jours.

Le pessimisme contenu de toute l'équipe des médecins avait fait place au souhait déclaré de me voir partir le plus vite possible. Pour abréger la souffrance de mes parents et de mes proches pour lesquels cette vision devenait non seulement insoutenable ou torturante mais réellement traumatisante. D'autant qu'au bout du compte, l'issue, de façon certaine, resterait fatidiquement inchangée.

*Chapitre VI*

## *PRODIGE DE L'INEXPLICABLE*

Contre toute attente, et sous l'œil médusé des plus éminents spécialistes du service, le miracle se produisit à la fin du mois d'octobre. Comme si une main divine s'était décidée, in extremis, à me rattraper au bord du précipice. Prodige de l'inexplicable, j'avais émis les signes que ma mère me réclamait à cor et à cri.

De nouveau, j'étais sensible à la lumière et au bruit. Ce furent d'abord des mouvements de sourcils et des papillotements des yeux. Puis, les membres qui me restaient valides se mirent à remuer doucement. Presque imperceptiblement, mais ils bougeaient. Une mise à jour médicale confirma cette évolution sensible :

*Sur le plan neurologique, nous assistons, semble-t-il, depuis 48 heures, à un réveil lentement progressif du malade. En effet, celui-ci ouvre les yeux à l'appel de son nom. cligne à la menace, semble avoir une mimique faciale presque normale. Il n'existe toutefois pas de mouvements spontanés des membres. Mais les réactions de défense à ce niveau sont coordonnées ( ... ). Bien-sûr, il est trop tôt pour parler d'un pronostic : nous n'avons pas encore obtenu un réveil complet. Nous ne pouvons préjuger actuellement des séquelles possibles, tant sur le plan intellectuel que moteur.*

On me fit quelques tests de réflexes et l'on décida, pour confirmer cet incroyable changement, de me retirer la ventilation assistée. Plusieurs essais infructueux firent craindre une nouvelle désillusion à mes parents.

A partir du 23 octobre 1979, je parvenais à me passer de l'appareillage pour vivre. Alors que j'avais été plus ou moins abandonné à mon sort tragique, un regain d'intérêt se manifesta autour de mon cas et de cet événement extraordinaire.

Il existait une énorme solidarité entre tous les parents de malades. Lorsque certains accomplissaient des progrès notoires, tout le monde en était aussitôt informé. Chacun y voyait une forme d'encouragement pour les autres ; une raison supplémentaire pour continuer d'espérer et tenir devant l'épreuve. Cette entraide collective était d'autant plus appréciée que certaines familles, pour des cas similaires au mien, avaient visiblement renoncé. Ces malades abandonnés à eux-mêmes faisaient mal au cœur. Mais chacun se gardait bien de porter un quelconque jugement.

Mes parents s'étaient liés d'amitié avec ceux d'une petite Sophie renversée le jour de la rentrée scolaire. Elle était la benjamine du service. Sophie, comme moi, était prisonnière d'un profond sommeil. Ses parents lui donnaient des yaourts qu'elle avalait péniblement en un quart d'heure. Ma mère, s'inspirant de cette idée, essaya de m'en proposer un. Il me fallut près de deux heures pour ingurgiter le laitage. En dépit des soins les plus attentifs, l'état de la petite Sophie se détériorait chaque jour un peu plus. Plus tard, j'appris que son coma avait eu raison de ses forces.

Le 7 novembre 1979, je quittais la réanimation chirurgicale, un service très dur composé par un personnel d'un dévouement et d'une disponibilité hors du commun.

Je fus transféré dans le service de rééducation

fonctionnelle du C.H.U. de Rennes, dirigé par le professeur Louvigné. Mes parents ne cachaient pas leur joie. Pour la première fois depuis quatre mois et demi, il leur était permis de croire en une amélioration sensible. Le professeur Louvigné leur affirma que mon admission dans son service signifiait pour moi l'assurance de la vie. Mais quelle vie ? Cet homme aurait tant voulu se tromper sur l'existence qui m'attendait. Mais il savait que je ne remarcherais jamais et, pire encore, que je ne recouvrerais jamais une activité cérébrale normale.

Il n'en cacha rien à mes parents. Mais eux, déjà, se projetaient autrement dans l'avenir. Ma mère se voyait déjà me sortir patiemment de l'isolement. A aucun moment, elle n'acceptait de m'imaginer vivre comme une plante. Un miracle s'était déjà produit. Pourquoi n'y en aurait-il pas eu d'autres ?

Les mères de famille qui mettent au monde des mongoliens ou des enfants souffrant de malformation ne se posent pas la question d'accepter ou pas, elles le vivent… Tels avaient été les derniers propos du professeur Louvigné afin que les choses fussent claires dans l'esprit de mes parents.

Ma mère refusait ouvertement de se conformer à des conclusions aussi définitives. Tout ce qu'elle savait, c'est que celles-ci s'appuyaient sur des statistiques. Rien d'autre. Et que les données numériques n'ont pas toujours force de loi ! Ma fiancée qui fut gratifiée du même son de cloches s'effondra littéralement. Du découragement et de l'abattement soudains, elle sombra au fil des semaines dans une sévère dépression.

Elle resta longtemps cloîtrée dans sa chambre, n'en sortant que pour aller travailler. C'est d'ailleurs un de ses collègues, Marc, qui lui permit de se reprendre. Il l'exhorta à changer de vie et, surtout... à m'oublier !

Au début de mon arrivée dans ce service, je ne disposais pas d'une chambre individuelle. On m'avait placé avec un garçon victime d'une rupture d'anévrisme. Malheureusement pour lui, elle ne l'avait pas emporté. Sa présence n'était pas sans effrayer toutes les personnes qui venaient me rendre visite. En complet état d'inconscience, il gisait recroquevillé sur lui-même tel un fœtus crevé. Les muscles de son visage étaient flasques. Il avait une respiration rapide et saccadée, accompagnée de gargouillements. Il n'y avait absolument plus rien à faire pour lui.

Mes proches, déjà impressionnés de venir me rendre visite, l'étaient encore davantage à la vue de cet être dégénéré. Chaque fois qu'ils devaient pousser la porte, un terrible sentiment d'oppression les repoussait loin de moi.

Mes parents avaient insisté auprès du Service pour qu'il me soit attribué une chambre individuelle. Malheureusement, le seuil de remplissage ne le permettait pas. Pour ma part, je ne ressentais pas le moins du monde la gêne que pouvait représenter la présence de mon compagnon d'infortune.

L'image que je renvoyais de moi-même ne devait être guère plus reluisante. Avec cet enchevêtrement de tuyaux branchés sur mon corps boursouflé, je tenais plus de la pieuvre que de l'être humain. Seule ma mère continuait chaque jour à me rendre visite. Elle s'obstinait à m'alimenter avec des petits pots pour bébés aux fruits. Avec le même amour et la même application que pour l'enfant qu'elle avait tenu jadis dans ses bras.

A force d'une patience exemplaire, elle parvenait à m'en faire manger deux par après-midi. Ma courbe de poids commença de se redresser au bénéfice et à la mesure de cette ténacité.

A la fin du mois de novembre 1979, je repassais la barre des 30 kilos. Sans que l'on pût crier victoire, l'amélioration était indiscutable. Le décharnement s'infléchissait. Enfin !

*****

Le début du mois de décembre me vit franchir une nouvelle et très encourageante étape. Je commençais à vouloir communiquer. Du regard seulement.

Mes pupilles abandonnèrent leur fixité et mes yeux s'animèrent d'une très nette activité. Ils arrivaient à s'accrocher à une image et même à la suivre pendant quelques instants. Cette fois, mon visage dissipait l'ombre inexpressive qui le hantait depuis de longs mois. Mes parents qui l'avaient presque oublié en éprouvèrent une émotion intense. L'ensemble du service aussi. Une lueur de vie intérieure venait de se manifester.

Bien qu'encore vacillante et passagère, elle annonçait les prémisses incontestables d'une forme certaine de rétablissement. Tandis que mon corps reprenait un soupçon de consistance, mon cerveau, lui, se décidait à s'extraire des ténèbres.

Dans le même temps, je m'apprêtais à subir ma seconde opération depuis mon accident. Mon pouce droit était luxé et il fallait intervenir au niveau de la métacorpophalangienne pour le rétablir dans sa position normale. Autant dire qu'il s'agissait encore d'une maigre approche de réparation sur mon corps tordu et déboîté de toutes parts. Mes doigts de la main droite étaient soudés à la paume, l'ensemble de mes membres rétractés, mon coude gauche bloqué par la formation d'un cartilage osseux et mes deux genoux pliés. Quant aux escarres, elles avaient gangrené tout mon corps de leur couleur noirâtre et ne semblaient vouloir disparaître que pour mieux s'installer ailleurs.

*****

Le 12 décembre 1979, ma mère eut en avance son plus beau cadeau de Noël. Et mon père, surtout, son plus beau cadeau d'anniversaire ! Ce jour-là, le docteur Le Moulec, l'interne en charge de ma surveillance, obtint de moi une réaction qui tenait de l'hallucination auditive. Histoire de détendre l'atmosphère à son arrivée, il m'appelait à son habitude le grand sportif et me disait un petit mot de football. Quelle ne fut pas sa surprise lorsque je manifestai le désir évident de répondre à la question de savoir qui était l'entraîneur de Saint-Etienne. Le regard halluciné, il porta sa main à ma canule qu'il fallait obstruer pour qu'il en sortît le son rauque de ma voix. Je lui répondis « Herbin ». Il enchaîna, l'air toujours incrédule, sur ma date de naissance. Sans plus d'hésitation, je lui donnais le 13 novembre 1953. Le numéro de téléphone de mes parents lui fut rapporté avec la même exactitude. Comment était-il possible que je puisse me souvenir de tout cela après un si long sommeil ? Personne n'en croyait ses oreilles. Cinq mois et demi après l'accident qui m'avait plongé dans le plus redoutable des états de mort à lente programmation, mon esprit renouait avec la vie. Avec un sursaut de vie, devrais-je dire, car le terrible combat pour retrouver une existence normale ne faisait que commencer.

Les progrès que je venais d'accomplir étaient très prometteurs. Inespérés même. Et le plus incroyable était peut-être qu'ils ne m'avaient pas coûté le moindre effort. Je ne savais plus – ou pas encore – ce que signifiaient les mots courage, souffrance, volonté. Une certaine chance. Ce formidable retournement de situation s'était opéré sans coopération de ma part. Comme en dehors de moi.

Pourtant, à peine un palier venait-il d'être conquis qu'un autre se profilait aussitôt à l'horizon. Toujours moins accessible. Certes, mon cerveau fonctionnait. Mais il était bien loin d'avoir recouvré sa faculté essentielle. Celle qui structure la connaissance, le jugement, l'action. La faculté pensante qui détermine l'existence de l'homme. Des éléments de mon passé se réactivaient mais sans l'expression manifeste de la conscience du souvenir. C'était bien là le nouvel écueil dans mon rétablissement. Aussi spectaculaire fût-il. J'étais animé d'une vie psychique passive. Avec une connaissance immédiate de moi-même aussi pauvre que celle d'une machine qui aurait débité des informations pré-programmées. En quelque sorte, un substitut d'humain ! Il me manquait ce point d'ancrage qui fixe et conditionne la propre réalité de chacun d'entre nous. Au scanner je présentais un ébralement complet du cerveau, toutes les cellules étaient présentes mais aucune m'était à sa palce. J'ai un vague souvenir du dernier scanner passé où il me fallait rester immobile ce que j'eus extrêmement de mal à faire, n'ayant aucune conscience de l'utilité d'entrer dans cette machine infernale…

*Chapitre VII*

## *LE GLISSEMENT PARANOÏAQUE*

A compter de cette étape néanmoins décisive, l'hôpital invita mes parents à me prendre en charge le week-end. Sans que personne l'avoue ouvertement, un univers familier était maintenant pressenti comme le seul environnement capable de me rendre à moi-même. Suffirait-il à débroussailler l'obscur chemin de ma conscience étouffée ?

L'énigme, là encore, restait entière. Mais ainsi, le bénéfice possible d'un choc psychologique ne serait pas laissé au hasard…

Ma première sortie de l'hôpital fut programmée pour le jour de Noël. Uniquement pour l'après-midi. Cette date avait été arrêtée en raison de sa valeur symbolique et de son contexte inhabituel.

Qui n'a pas en mémoire des souvenirs émerveillés attachés à cette fête commémorative ? Comme des rêves, les yeux ouverts. Qui a oublié l'excitation, la fébrilité, l'éveil de tous les sens liés à l'arrivée de cet événement ? Avec un optimisme à peine dissimulé, on osait croire que l'occasion suffirait à déclencher les premiers signes d'un réveil émotionnel.

Tout avait été préparé scrupuleusement. Pas un détail ne manquait. Ni aux rites de la tradition chrétienne ni aux habitudes familiales. Hélas, ni la fête ni les prières ne réussirent à bousculer ma conscience. On célébra divinement mon retour. Et aussi la nativité. Mais pas ma renaissance !

Une semaine plus tard, je réintégrais mon domicile. Pour deux jours. Mes parents étaient heureux de me garder plus longtemps à leurs côtés. Ils n'en gardaient pas moins une certaine appréhension. Ils avaient un peu peur de moi. Et encore davantage d'eux-mêmes. Ils se demandaient comment allait fonctionner cette cohabitation. Ne vivions-nous pas dans deux univers sans passerelle ? Comment allais-je réagir à ces changements de cadre et de rythme de vie ? Comment solliciter mon cerveau sans le fragiliser ? Comment contrôler le flux de mes propres perceptions ? Comment éviter des gestes et des mots dont on ne peut soupçonner qu'ils seront irréparables ? Terrible épreuve que celle de l'expérimentation sans retour sur un terrain aussi éminemment affectif…

D'autant que mon état physique réclamait lui aussi son lot quotidien de précautions et de soins. Il fallait veiller à la bonne tenue de mes membres endommagés. Me changer fréquemment de position. Surveiller et nettoyer régulièrement ma canule pour que l'air circule en permanence. Garder constamment l'œil sur moi pour repérer les moments où je voulais m'exprimer. Penser à boucher le petit tuyau pour que mon souffle alimente mes cordes vocales. Se familiariser à cette voix décomposée et mécanique qui semblait venir d'outre-tombe. M'alimenter, m'aider aux toilettes, me laver, m'habiller, désinfecter les cicatrisations rebelles, refaire des pansements… Tout cela demandait une attention et une disponibilité de chaque instant.

Pour faciliter ce labeur titanesque, l'organisation de la maison avait été repensée. Tout était fonction de ma présence. On m'avait installé un lit permanent en bas. Je ne le quittais que le soir pour être monté à l'étage. Je dormais dans un petit salon, à proximité de la chambre de mes parents. Commençaient alors les rondes de surveillance de la nuit dominicale…

Le lendemain du premier de l'an, toute une bande de copains débarqua chez moi pour me souhaiter la bonne année. Ils avaient pris place en arc de cercle autour de moi. Ils s'étaient intrigués de la dualité de la pièce. Mi salle-à-manger, mi chambre-à-coucher. Les meubles étaient serrés les uns contre les autres. Ils avaient été repoussés pour libérer de l'espace et faciliter le passage. Trônant au milieu, j'étais à la parade comme une bête de foire. Leurs regards à la fois compatissants et curieux se posaient furtivement sur moi, avec gêne. On aurait pu entendre, paraît-il, une mouche voler.

Ce mutisme général éveilla chez moi l'envie de leur parler. J'émis des signes des yeux, répétés, pour qu'enfin quelqu'un se décide à pincer ma canule.

– Je vous trouve bonne mine, leur lançais-je. Mais de vous tous, je suis sûr que c'est moi qui aie encore la meilleure tête.

Ils s'ébrouèrent de concert en petits rires secs. Une joie libératrice. Presque simulatrice. Pendant quelques minutes, elle fit tomber la tension. Puis le silence revint. Plus lourd encore. Chargé d'une pesante émotion. Ce mot d'humour s'était manifesté comme un éclair de lucidité. Mais aussitôt, mon cerveau était retourné à son chaos de désordre et d'absence. Mon regard flottait sur cette barrière humaine comme si elle avait été transparente. J'avais des yeux de verre. D'un verre pâle et dépoli.

Pas un de mes copains n'avait imaginé me retrouver ainsi. Dans un tel état de dégradation physique et mentale. Quand ils m'ont aperçu, leurs visages se sont décomposés. Plus encore, peut-être, parce que nous étions au premier jour de l'année. Moi qui d'ordinaire était de toutes les fêtes. Sur leurs figures blêmes, ils donnaient à voir, comme à livre ouvert, l'image qui serrait leurs poitrines et nouait leurs gorges.

Un souvenir poignant les tenaillait. Celui du jour de l'an précédent. Je m'étais proposé d'organiser le réveillon. Pour une cinquantaine de personnes. J'avais trouvé un cadre prestigieux, le château du Bois Orcan, dégoté un excellent menu à prix négocié, fourni du champagne à discrétion… Une vraie réussite ! Personne ne pouvait s'empêcher de repenser, en cet instant, au dynamisme et à la joie de vivre qui me caractérisaient. Au couple parfait que je formais avec Babette. Personne ne pouvait oublier le boute-en-train qui, d'un trait, engloutissait les nuits de fête.

*****

Au fil des week-ends de janvier, mon entourage prit ses marques. Le caractère exceptionnel de ma présence céda le pas à un rituel bien établi. Des horaires fixes, des gestes rodés, des réflexes justes, des relais efficaces... Une leçon apprise sur le bout des doigts, presque jamais hésitante. Un récital d'habitudes et d'attentions sans fausse note. Chacun, à sa manière, croyait fermement avoir apprivoisé cet inconnu que l'on osait encore à peine tutoyer du regard quelques semaines plus tôt.

Mais plus la vie s'organisait autour de moi, plus je devenais imprévisible. Lunatique, irascible, exigeant. A croire que le cocon protecteur qui avait été tissé si patiemment autour de moi m'enserrait à m'étouffer. Les choses habituelles m'ennuyaient ou me dégoûtaient. Jusqu'à me porter au bord du vomissement.

Mes sautes d'humeur se firent de plus en plus fréquentes. J'avais un comportement étrange. Partagé entre la mièvrerie et la méchanceté. Je devenais tellement agressif que le dimanche soir s'annonçât bientôt comme un soulagement pour mes parents. Il leur arriva même d'écourter un de mes séjours et de me ramener à l'hôpital. Je réagissais aussi violemment que si l'on m'avait charcuté une blessure à vif. Désemparés, mes parents avaient jugé plus prudent de se séparer de moi avant l'heure.

A peine dix minutes après mon arrivée, je me montrais incapable de dire à quiconque d'où je venais. Et encore moins d'avancer les raisons de cette attitude irraisonnée et déconcertante.

Ma mémoire était inextricablement emmêlée. Comme aurait pu l'être un rouleau de fil barbelé... Je n'arrivais pas à fixer de nouveaux souvenirs. Je vivais une complète désorientation temporo-spatiale. Il semblait que ma vie, au fur et à mesure qu'elle avançait, s'effaçât aussi anodinement qu'un trait de crayon sous la gomme. Je n'avais plus cette capacité à me situer dans l'immédiateté. Cette faculté de connaissance de soi qui donne sa densité à l'existence. Chacun de mes pas laissait derrière lui un gouffre de néant !

*****

Le mal dont je souffrais à présent glissait vers une forme de délire paranoïaque. Je croyais payer pour une faute que je n'avais pas commise. Et cet injuste sort me devenait insupportable. Une idée obsessionnelle me poursuivait. Fuir cet hôpital dont j'étais sûr qu'il était une sorte d'établissement pénitentiaire. Je ne me sentais pas en sécurité. Ma mère, qui tous les jours me donnait mon dîner, restait de plus en plus tard. Je redoutais, chaque soir, qu'on m'endorme avec des calmants ou des anesthésiques. Histoire de s'acharner à déformer toujours plus mon corps torturé. Je luttais alors contre cet instant de bascule qui conduit vers le repos de l'esprit. Souvent, je sursautais, j'ouvrais de grands yeux effrayés. Comme un enfant perdu dans le noir de la nuit, j'appelais ma mère. Elle me berçait alors de mots tendres et apaisants jusqu'à ce que le sommeil vienne me cueillir. Mais parfois, son image s'était déjà envolée. Et j'étais parti pour une nuit d'angoisse…

*****

Peu à peu, j'étais devenu comme un animal sauvage que la cage rend fou. Je réagissais brutalement aux manques d'égards comme aux marques de trop grande bienveillance. Je tenais infirmières et aides-soignants pour d'innommables salauds qui s'étaient jurés de me faire la peau. Pire encore, de me tuer à petit feu. Derrière la porte de ma chambre, j'imaginais se tramer toutes sortes de machinations et de complots. Je restais en état d'alerte permanent. Devant les pièges qu'on aurait pu me tendre. Devant les mensonges qu'on aurait voulu me raconter. Ainsi tombais-je dans un état d'hypersensibilité où la vérité et l'invention, le réel et l'imagination ne forment plus qu'un tenace et collant bourbier.

Un après-midi, l'un des plus grands professeurs de Pontchaillou, le Professeur Bourel, chef de la Clinique médicale, vint s'enquérir de moi. Ses compétences reconnues, doublées d'un charisme naturel, lui valaient depuis longtemps une forte notoriété et un respect unanime. Y compris chez ses pairs. Il connaissait mon père pour lui avoir confié quelques travaux. Informé du pronostic irrémédiablement mauvais que tout venait contredire, il avait aussitôt abandonné ses occupations pour venir juger de la prodigieuse évolution.

Après avoir salué ma mère avec solennité, il s'approcha tout près de moi et m'épingla de son regard perçant. Il avait une voix grave et limpide. De celles qui inspirent une confiance totale. Si aveugle qu'il m'en vint, a contrario, une extrême vigilance. Il distillait des mots amicaux pour sonder ma vie intérieure et jauger mes réactions. En fait, il voulait seulement savoir comment je me sentais. S'il lui était possible de faire quelque chose pour m'aider. Mais moi, je le laissais se fatiguer au jeu de ses propres questions. Il interrogea ma mère d'une mimique perplexe. Elle lui rendit un haussement d'épaules en signe d'incompréhension. Elle avait l'air très peinée. Et c'est précisément sa déception qui me fit sortir de mon camp retranché. Je lui avais fait signe d'obturer ma canule :

– Si tu veux m'aider, lui dis-je sans détour, lève-moi. J'aimerais bien bouger un peu.

Il attrapa le fauteuil roulant et le plaça le long de mon lit. Après quoi, il m'y installa avec maintes précautions. Dans la position habituelle, soit allongée, en veillant à ce que tous les systèmes de fixation soient bien verrouillés.

– Mais tu n'as rien compris, le sermonnais-je. Marcher. Je veux marcher !

– Ce que tu me demandes est impossible, mon garçon. Il est trop tôt. Tu ne tiendrais pas debout. Tu pourrais même te faire très mal. Ce n'est qu'une question de temps. Bientôt, j'en suis sûr…

– Alors, détache-moi !

De manière à calmer mes ardeurs, il feignit de

satisfaire à mes exigences. Il se pencha sur mes cale-pieds et fit claquer le métal qui résonna avec le bruit sec du chargement d'une arme à feu.

– Je suis désolé, avança-t-il confusément, mais je n'y arrive pas.

– Tu n'es qu'un menteur et un bon à rien. Comme les autres !

Le professeur Bourel éloigna sa main de ma canule comme s'il lâchait un dernier argument qui cloue à jamais la contestation. Seuls mes yeux enflammés continuaient de se répandre en invectives. Il ne s'offensa pas de ma brusquerie ou de mes propos déplacés. Il concéda même un sourire complaisant à ma mère que la honte ravageait impitoyablement. N'importait-il pas en effet que la détermination, pour ne pas dire la révolte, l'emporte sur une molle bienséance et une creuse docilité ? Mes réactions, somme toute, répondaient à une logique certaine. Celle d'un rétablissement en marche qui s'appuierait aussi désormais sur la qualité de ma volonté. Il était évident que je ne savais pas encore où j'étais, ni pour quelle raison et pour quelle durée, mais l'essentiel ne résidait-il pas dans cette farouche avancée vers la vie !

*****

Plus je progressais dans cette voie, plus le monde autour de moi m'apparaissait hostile. Comme si dans mon ascension vers un sentiment de possible normalité, des dévers toujours plus abrupts me barraient la route. Aussi mon comportement vis-à-vis des autres en était-il arrivé à dépasser les limites du tolérable. Je crois que personne à l'hôpital ou dans mon cercle familial ne fut épargné au cours de cette période.

Ma tante Marie-Madeleine en fit la regrettable expérience. Elle avait été appelée au pied levé à mon chevet. Ma mère était dans l'impossibilité de rester pour me donner mon repas du soir. En dépit d'instructions détaillées et de démonstrations affectives, elle se heurta vite à mon humeur belliqueuse. Je lui opposais un refus catégorique de m'alimenter. Arguant sans cesse que je n'acceptais d'ouvrir la bouche qu'à la cuillère tendue par ma mère.

Après un bon quart d'heure d'essais infructueux, elle se renseigna auprès de l'infirmière en chef… Celle-ci prônait la méthode directe qui consistait à agir avec assurance, quitte à témoigner même d'une certaine virilité. Cela eut pour conséquence immédiate de rendre vaine toute velléité de me nourrir par la force.

La patience pas plus que la force n'ayant donné un quelconque résultat, restait la psychologie... L'infirmière fit donc intervenir le docteur Le Moulec, l'interne de service :

– Alors, monsieur Michel, on ne veut pas manger ? Et si on ne mange pas, on ne va pas guérir. Et si on ne guérit pas...

– Tu crois que c'est comme ça que tu y arriveras, toi, espèce de vieux clown ?

– On est pas au cirque ici, monsieur Michel. On est grand maintenant. Il faut être raisonnable...

– Seul ma mère... Garde ton poison pour d'autres !

Ce soir-là, non seulement je n'avais rien voulu avaler mais je me rebellais aussi pour l'extinction des feux. Ainsi mon comportement ne fut pas confondu avec un banal manque d'appétit. Ma pauvre tante qui se faisait une joie de pouvoir se rendre utile se mortifia de son échec personnel. Sans doute ignorait-elle qu'à la maison mes parents eux aussi faisaient les frais de mon agressivité grandissante. Je leur menais la vie dure, n'ayant même plus besoin de raisons pour me montrer désagréable.

Ma mère n'oubliera pas ce dernier week-end de janvier où je lui en fit voir de toutes les couleurs. Quelques minutes avant d'aller me coucher, on m'installait toujours sur le siège des toilettes. Une opération qui demandait du temps et une technique particulière, vu l'exiguïté du lieu. Au bout d'une petite demi-heure, je certifiais à ma mère que je n'avais pas envie et qu'il était inutile qu'elle insiste. Sitôt couché, je laissais mes excréments dégouliner sous mes fesses. J'expulsais sous moi tout le rebut de mon corps, comme un puant venin d'insoumission. Passée une formelle remontrance, elle s'inquiéta de cette attitude qui pouvait traduire une soudaine forme de régression mentale. Mais à mon air délibérément satisfait, elle se douta qu'il n'en était rien.

– Ce n'est pas grave, Yves. Juste un accident, se rassura-t-elle en évinçant ce à quoi elle ne voulait pas croire un seul instant.

– Non, ça n'a rien d'un accident.

– Tu veux dire que… Pourquoi tu n'as pas demandé ?

– Exprès pour te faire chier !

Cette nuit-là, en effet, je ne ménageais pas ma mère. Je la contraignais pas moins de neuf fois à changer mes draps. Le lendemain, j'insistais pour être raccompagné à l'hôpital Pontchaillou. Une pure contradiction de ma part puisque personne n'était sans savoir mon aversion pour l'hôpital. Personne n'avait oublié les multiples combines que j'avais recherchées pour en sortir. Mes parents s'exécutèrent tant ils connaissaient les colères effroyables que m'occasionnait la moindre opposition.

De retour dans ma chambre d'hôpital, je m'étais retranché dans mon habituel territoire d'indépendance et de liberté. C'était la télévision. Je la regardais des heures durant. Comme par une fenêtre ouverte sur l'immensité de la vie. Je reconnaissais certains visages. Mais à l'oreille, je ne percevais qu'un dialecte incompréhensible. J'avais certainement ingurgité des milliers d'images. Mais d'elles toutes, ma tête n'en avait enregistré qu'une seule. Celle de Tom et Jerry jouant au tennis. Sans doute parce qu'il s'agissait de personnages animés. Mais plus sûrement encore parce que l'histoire était sans paroles.

Le lendemain, j'allais subir ma quatrième intervention chirurgicale sous anesthésie générale. On s'apprêtait à reboucher la cavité aérifère de ma gorge. Autrement dit, j'allais retrouver ma voix naturelle !

## *Chapitre VIII*

## *RÉAPPRENDRE LE TEMPS*

Le choc psychologique tant attendu, et en même temps si retardé, s'était produit à la seule initiative de mes parents. Et surtout de ma mère. Elle avait depuis longtemps dans l'idée de me confronter, par le biais de l'article de presse, à la dramatique réalité de mon accident. Mais à son habitude, elle avait volontairement repoussé ce moment en raison de mon rétablissement très hypothétique et de mon équilibre précaire.

Il est vrai qu'elle était bien placée pour juger de la fragilité de mon état nerveux au travers des manifestations imprévisibles que je lui avais fait endurer. Grâce à ma mère, j'avais pu me resituer dans l'espace-temps de ma propre vie et sortir de l'impasse où la déraison me tenait acculé.

Au lendemain de la nuit du 1er février 1980 – celle qui vit ma conscience reprendre corps – j'étais tout excité. Dès le réveil comme fouetté par un coup de sang. Une de ces agitations qui suivent parfois les nuits trop généreusement arrosées. Ma tête était pleine d'une substance encore active. Je ressentais une drôle de sensation. Et je me réjouissais d'avoir conscience de celle-ci. Elle m'était pour ainsi dire inconnue. Mes tempes battaient, mes oreilles bourdonnaient sous l'emprise poignante de cet excitant peu banal. L'élixir du souvenir !

J'en avais abusé plus que de raison. J'avais titubé toute la nuit au rythme effréné des moments les plus heureux de mon existence. Des instants féeriques, sensuels, charnels, jouissifs. Une errance dans le savoureux bonheur des vacances, de la mer, de l'amour. Je me délectais de cette consommation immodérée d'ondes enivrantes de la nature féminine… de la nature tout court. Des grandes bouffées de liberté. Un vrai voyage dans l'ivresse. Pas une cuite mémorable. Mais une cuite de mémoire !

Ce jour-là, la nouvelle alla bon train. J'eus plus d'une centaine de visites. Un va-et-vient incessant de parents, d'amis, de copains, de voisins venus me témoigner leur sympathie. La joie de me savoir ainsi avec la tête bien sur les épaules.

Bien que je fus comblé de toute cette sollicitude, j'attendais une visite en particulier. Celle de ma fiancée. A chaque coup de sonnette, je tressaillais d'excitation et de peur. Je me réjouissais qu'elle constatât mes formidables progrès. Et en même temps, je redoutais qu'ils ne soient pas suffisants. Me regarderait-elle comme l'homme de sa vie ou comme le boulet de son existence ? Passerait-elle outre mes repoussants handicaps pour me voir seulement tel qu'elle m'avait aimé ? Pour moi, il y en avait un qui était plus lourd à porter que les autres. Je l'avais quittée sept mois plus tôt. Elle avait espéré pendant près de six mois. Et puis le corps médical l'avait fermement encouragée à m'oublier et à refaire sa vie. Son entourage aussi. Elle était trop jolie pour s'acoquiner avec une plante sans tuteur ! Dans cette course contre le temps, il y avait eu un mois de trop.

Comment maintenant compenser ce retard ? Comment contrecarrer ce nouveau coup du sort ? J'avais fait d'une récupération totale mon objectif prioritaire. Sans concession à l'hypothèse d'une quelconque séquelle résiduelle. Je m'étais même fait le pari fou d'être prêt pour participer, à l'automne, à une grande compétition populaire. Un semi-marathon, rien que ça ! Je voulais aussi reprendre une licence de football...

Je savais désormais que mon cœur battait pour une femme dont j'étais éperdument amoureux, pour une entreprise que j'avais fait décoller, pour une famille admirable de courage et pour des amis irréprochables de fidélité. Avant de basculer, le destin m'avait nanti d'une vie simple et heureuse. Je voulais y revenir. Rattraper le temps perdu. Coûte que coûte.

Babette ne vint pas. La journée qui suivit s'étira à n'en plus finir. Elle ne se manifesta que le lendemain. C'est vrai qu'elle était jolie. J'avais oublié. Ses cheveux fous, sa peau de pêche, son air mystérieux. Son parfum, lui, avait changé. Je ne retrouvais pas les fraîches senteurs de la vanille et du jasmin. Elle se tenait à distance, si bien qu'il m'était difficile d'identifier ces armes que je ne lui connaissais pas. Elle prit communément de mes nouvelles. Sans une once d'enthousiasme, sans la moindre marque d'affection. Comme par obligation ou simple politesse. Elle avait du mal à tenir en place. De toute évidence, elle était crispée et mal à l'aise. J'essayais de faire de l'esprit. Mais elle ne me rendait le change qu'en s'arrachant péniblement de petits sourires. Alors, derrière son habituelle expression énigmatique, il se révéla à moi le poids d'un terrible secret. Trop lourd pour elle.

Nous nous revîmes une semaine plus tard. Je voulais encore croire à son amour. Sans doute avait-elle besoin de temps pour réaliser mon incroyable résurrection. Mais comme la première fois, je la sentis très loin de moi. Je lui avais demandé de s'approcher. Pas un son ne filtrait de sa bouche. Elle avait l'air paralysé. Sur son visage, j'avais tout de suite décelé l'effroi et même le dégoût qui montait en elle à la vue de mon corps difforme. Elle ne pouvait pas voir la beauté des sentiments par-delà la monstruosité de mon physique. Je tentais de l'étreindre, elle se dérobait. J'essayais de l'embrasser, elle esquivait.

Il me revint en mémoire notre premier baiser et, pêle-mêle, des moments intimes et des regards complices. J'en eus la chair de poule. Il ne restait donc rien de tout cela. Pas même la tendresse du souvenir. Elle me confia qu'elle était allée voir le professeur du service avec son père. Il lui avait assuré que je ne remarcherais pas et que plus jamais je n'aurais ma tête. Il lui avait conseillé de ne plus envisager l'avenir avec moi. À son plus grand désarroi et sous la pression familiale, elle s'est jetée, après quelques jours de déprime dans les bras de

Marc, son collègue de travail, plus par dépit que par amour. En effet, selon toutes les statistiques, plus jamais je n'aurai pu redevenir l'homme qu'elle avait aimé.J'avais cherché à l'embrasser de nouveau. Elle s'était dégagée brutalement. Je commençais à comprendre. Elle m'avoua enfin qu'elle était avec quelqu'un d'autre. Depuis trois semaines. Ma première réaction fut de la supplier de revenir. Mais à la glace de ses yeux, je compris que toute tentative de prière ne serait pour moi que pure humiliation. Il était trop tard. Son cœur ne pouvait plus seulement m'échapper. Il m'avait déjà fui.

Babette avait tranché. Elle avait décidé de partir. J'avais d'autant plus de mal à supporter cette décision que je comptais sur elle pour me soutenir le moral dans ma reconquête de la normalité. De son amour, j'avais fait le moteur de ma volonté. La rupture deviendrait le prétexte à la revanche.

Je n'étais plus seulement animé d'intentions, mais guidé par la ferme résolution de prouver aux détracteurs de l'impossible que j'allais vivre debout.

Je ne reprochais pas à ma fiancée de s'être engagée dans une autre aventure sentimentale. J'en voulais par contre à son ami Marc de lui avoir menti. En lui garantissant un libre choix de décision sans jamais la laisser réfléchir seule. J'en voulais aussi à cette médecine universelle qui érigeait le pessimisme comme le fondement de la relation aux grands malades et à leur entourage. Pas d'engagement, pas de doléance ! Pas d'espoir, pas de reproche !

Je ne revis plus Babette à partir du 10 février 1980. Alors même que je reprenais solidement mes esprits et que sa présence à mes côtés aurait pu enfin prendre un véritable sens. Mais encore une fois, la vie en avait décidé autrement. Finalement, ce n'était rien de plus qu'un nouveau coup de poignard dans le dos !

*****

Il fallait que je réapprenne à faire face à l'échec, à accepter l'adversité, à apprivoiser ce temps aux rouages lents et paresseux. Dans la vie que je retrouvais, plus rien ne m'était acquis. Tout était à reconquérir. Devant moi, un avenir en friche ! J'étais redevenu un homme dans ma tête. Il me restait à redevenir un homme dans mon corps. Et je n'étais pas sans comprendre que cet étalonnage me coûterait infiniment cher. Un prix qu'on n'imagine pas.

Babette ne venait-elle pas de me donner un avant-goût de ce qui m'attendait ? Amer et persistant comme de la bile. J'en tirais la leçon. Solennellement. J'étais prêt maintenant à partir en croisade. Décidé à mettre en déroute les irréductibles coalisés du pessimisme. Décidé à me délivrer du carcan de handicaps qu'on voulait me coller pour le restant de mes jours.

Je me promettais de bénir, face aux déconvenues, le souffle de vie qui avait ranimé ma conscience. Je me promettais d'avoir foi, devant chaque obstacle, en mes ressources morales. Je me promettais de ne jamais renoncer par découragement au cap que je m'étais fixé : la mobilité, l'autonomie ! Ce serait long. Un duel éprouvant contre moi-même. Une vraie course en solitaire.

Seul ! J'assumais. A sa décharge, ma fiancée m'avait ouvert les yeux. Je ne devais compter que sur moi. A la mi-janvier 1980, les docteurs Brissot et Le Moulec, du service d'Hydro-climatologie et de Rééducation fonctionnelle, ne m'avaient-ils pas une nouvelle fois crucifié dans la conclusion de leur rapport ?

*Le patient (...) ne nous interroge pas au sujet du pronostic. La famille, malgré une information pré-*

*cise, ne semble pas avoir conscience du caractère définitif du handicap et de l'impossibilité de la reprise professionnelle.*

Ils avaient eu raison, en tous cas, des fragiles espoirs de Babette. Loin, finalement, de voir dans cet isolement un lâche et cruel abandon de sa part, j'y sentais soudain une absolue nécessité. Comme un tunnel incontournable qui aurait débouché sur la vie. La vraie. Celle qui vous habille de la plus commune des apparences. Celle qui vous met à pied d'égalité avec les autres. Je n'avais que faire de la compassion. Ce que je voulais, c'était le droit à l'indifférence.

Pendant les interminables mois qui venaient de s'écouler, j'avais été pour chacun des membres de mon entourage un terrible poids mort.

Tout le monde, ma mère en tête, s'était donné la main pour me ramener à la surface. Il n'en était pas un qui, d'une manière ou d'une autre, n'avait pas apporté sa contribution. Y compris Babette dont la décision de rupture, en définitive, n'était que le résultat d'une somme de pressions extérieures. Je savais que, dans cette dure épreuve de relais, j'étais maintenant le seul à pouvoir porter le témoin au-delà de la ligne d'arrivée. Je savais que le dépassement de soi-même se fait toujours dans la douleur.

Je savais. Du rôle que j'avais tenu par le passé, je savais qu'il ne restait rien. Pas même celui de figurant. Je savais qu'on m'avait déjà rangé parmi les observateurs passifs de la vie. Je savais qu'on me préparait une existence marginale et protégée. Mais je savais aussi que chaque coup dur encaissé et surmonté me porterait un peu plus vers un autre devenir.

Je savais qu'en moi-même j'étais capable de puiser une force insoupçonnée et de m'assigner une discipline de fer.

Je savais que tout ne serait que volonté, patience, méthode. Je savais... Un bien grand mot. Il restait tant d'incertitudes ou plutôt de sombres certitudes. Des condamnations en cascade à l'impotence fonctionnelle.

Néanmoins, je gardais la foi, chevillée au corps. Je prenais la vie comme un don inestimable, comme une terre vierge qui ne demande qu'à être exploitée. Après tout, n'étais-je pas ressuscité ? Il en naissait chez moi une clarté éblouissante, un rayonnement qui me révélait autrement à moi-même et plaçait l'irréalisable à ma portée.

Des heures durant, je me tenais près de la fenêtre du salon à l'étage. Malgré les basses températures de la saison, j'insistais pour qu'elle soit grande ouverte. Le plus longtemps possible. Dès mon réveil, je ne résistais pas à la formidable envie de m'emplir, comme à pleines brasses, de l'air frais du matin. Je voulais consommer goulûment les choses du dehors. Le mouvement, les gens, la vie. De la même manière qu'un enfant qui s'émerveille de tout. Je me réjouissais de chaque situation qui me parvenait depuis l'extérieur. Même les plus banales. Quelle drôle de limpidité dans ce monde suspendu qui tournait là devant moi ! Comme si rien, jamais, ne pouvait le destituer.

J'apostrophais les personnes qui marchaient juste en dessous de moi. Seulement pour affirmer la réalité de ma relation aux autres. Pour leur montrer qu'on m'avait enterré trop vite. Eux me prenaient pour un simple d'esprit. Peu m'importait de passer pour un fou.

Il y avait si longtemps que je n'avais pas perçu aussi distinctement les nuances de la vie. La pâle lumière d'un dimanche d'hiver et son assortiment d'occupations conventionnelles. La figure grimaçante des joggeurs. L'air constipé des cyclotouristes. Le pas accéléré des ménagères saisies par le froid. La mimique coincée des familles endimanchées. L'expression bougonne des gosses que l'on traîne à la messe... Je n'avais jamais remarqué cela. Vraiment, le dimanche ne ressemblait pas à un jour de tout repos !

Ce week-end prodigieux qui me vit récupérer toutes mes facultés cérébrales me parut d'une immense plénitude. Comme si les jours s'étaient dédoublés. J'avais l'impression d'une débauche d'activités. Je n'avais strictement rien fait. Seulement pensé. Seulement observé. Un long voyage de l'esprit. Un périple déchaîné par-delà mon corps immobilisé. Un cheminement follement alerte de souvenirs, de sentiments, d'impressions, de réflexions et même de projets. Déjà, des projets.

Mon retour à l'hôpital, le dimanche soir, avait pris les allures d'un feu d'artifice. Je nageais dans l'euphorie la plus totale. Personne ne me connaissait sous le jour gai, volubile et bouillonnant que j'allais montrer. Jusqu'alors, on m'avait prêté, à juste raison, un caractère de cochon. Qui m'avait jamais seulement vu esquisser l'ombre d'un sourire ? Renfermé, méfiant, atrabilaire, frondeur, agressif... les qualificatifs ne manquaient pas pour décrire le comportement qui avait été le mien.

Mais pas un d'eux en vérité ne correspondait à ma vraie nature.

Je revenais à l'hôpital avec un autre visage, complètement métamorphosé. Et je crois que de ce changement radical, mes parents se félicitaient encore plus que moi.

Dans le long couloir qui me conduisait vers ma chambre, ma mère reconnut, loin devant nous, une aide-soignante avec laquelle elle avait sympathisé. Elle s'appelait Marie. Pourtant d'ordinaire discrète, ma mère n'hésita pas une seconde à pousser de la voix pour l'interpeller et lui annoncer l'heureuse nouvelle. Son cœur se trouvait dans une telle liesse qu'elle n'avait pas pu attendre de se trouver à sa hauteur pour le lui communiquer. Et moi d'entonner à tue-tête :

– La p'tite Marie fait du couscous... Et par derrière, elle s'la coule douce. Ha, ha, la p'tite Marie... Ha, ha, la p'tite Marie...

L'intéressée se retourna, interloquée. Elle n'avait pas l'air de croire qu'une telle transformation fût possible. Toute ma figure s'était parée de traits lumineux et épanouis qu'on ne me connaissait pas. André, l'un des aides-soignants, s'était planté devant moi. Il m'avait dévisagé avant de lancer à ma mère :

– Mais ce n'est pas possible ! Que lui avez-vous fait ? Dites-moi que ce n'est pas le même. C'est le frère jumeau ?

Ma voix enjouée résonnait comme un hymne de victoire. Elle avait alerté tout le personnel de l'étage. À mon passage les portes s'ouvraient et chacun saluait d'un geste ou d'une expression amicale ce retour fanfaronnant. Tous mes souffre-douleur s'alignaient ainsi les uns après les autres, comme pour m'ouvrir une voie royale. Celle qui me consacrait enfin le droit d'être reconnu comme un être humain. A part entière.

*Chapitre IX*

# *PACTE AVEC LE DIABLE*

Jacques Huet était le kinésithérapeute chargé de ma rééducation. Mes parents avaient pensé qu'il était l'homme de la situation. J'en étais moi aussi convaincu. A lui seul, il communiquait la force et la santé. Je ne demandais pas autre chose. Avec lui, je me sentais prêt à soulever des montagnes, à traverser l'enfer s'il le fallait. Ce qui m'attendait n'était pas loin de ressembler à un pacte avec le diable. Je savais que ses exercices démoniaques me feraient souffrir le martyre. Néanmoins, je remettais mon corps entre ses mains sans le moindre état d'âme. Aveuglément.

Dès le lundi, tôt dans la matinée, le démon m'apparut en personne. Ni oreilles pointues, ni cornes, ni pieds fourchus. Rien de méchant ou de pervers. Seulement un homme plein de malice décidé à faire le mal pour obtenir le bien.

D'emblée, nos relations furent franches et cordiales. Nous avions l'avantage de nous connaître déjà un peu. De lui, je savais qu'il n'aimait pas le dilettantisme. De moi, il avait retenu que j'aimais le sport et l'engagement physique. J'allais être servi.

– Alors toi, on peux vraiment dire que tu es un cas, me dit-il en guise de salut.

– Bonjour monsieur Huet.

– Non, non. Avec moi, il n'y a pas de monsicur qui tienne. J'espère que tu trouveras vite autre chose. Sinon…

– Très bien. Votre prénom, c'est Jacques, je crois. Alors… je t'appellerai Jacquou !

Un éclat de rire scella notre collaboration. Il resta à mes côtés, au garde-à-vous, jusqu'à la grande revue hebdomadaire du lundi matin. Au programme, blouses blanches et carnets de note. De plus en plus de blouses et de moins en moins de carnets. Que de visites ! Pour être un cas, j'étais un cas. Presque une curiosité. Dans un guide touristique, on n'aurait pas manqué de me coller trois étoiles. Tout le monde se demandait encore par quel mystère je figurais, avec toujours plus d'aplomb, sur l'itinéraire du début de semaine. Dans les couloirs de l'hôpital, on m'avait surnommé « le miraculé ». Mon cas intéressa plus d'une centaine d'internes. Pour moi, il n'y avait plus de si grand mystère. J'avais eu la chance inouïe de me réveiller. Mais sans la présence quotidienne de ma mère, je demeurais persuadé que jamais mon cerveau ne serait sorti de son profond assoupissement. A l'évidence, elle avait été la meilleure alliée de toute l'équipe de réanimation chirurgicale. Je me gardais bien cependant d'avancer cette version aux tenants indécrottables du rationnel, de l'objectif et de la méthode. Ils m'auraient ri au nez.

Toutes mes articulations souffraient encore de lourds traumatismes. Sur ce point au moins, on était fixé. Il n'y aurait pas d'opération du Saint-Esprit. Je présentais des flexums aux deux genoux. Il me manquait environ quarante degrés de rotation pour que mes jambes soient droites. Ce qui n'aurait pas suffi d'ailleurs pour espérer seulement me tenir debout. Mon coude gauche était bloqué à quatre-vingt-dix degrés, et le droit, très limité en extension. Ma hanche droite, complètement bloquée, me gênait considérablement. De même que tout mon corps, en définitive, dont j'aurais pu me débarrasser à tout jamais tant son inertie m'encombrait maintenant l'esprit.

Qu'y avait-il de récupérable là-dedans ? Lorsque je regardais ma main droite, elle symbolisait à elle seule mon état tout entier. Un effroyable miroir. Le majeur et l'auriculaire refermés sur la paume. Un mélange inextricable d'ongles et de chair déformés. Un pouce presque posé à plat sur le dos de la main. L'articulation avait été opérée au début du mois de décembre. Un index en col de cygne. De tous mes doigts, il était celui qui m'impressionnait le moins. Mais à lui seul, il ne me rendait pas ma main.

Un énorme travail restait donc sur la planche. De quoi décourager le plus volontaire et le plus discipliné des malades. De quoi effaroucher le plus compétent et le plus patient des kinésithérapeutes.

C'était pourtant le défi que nous nous étions lancés. Soumettre mes articulations aux travaux forcés. Les assujettir à la mobilité.

Je ne sais combien d'ostéomes s'opposaient déjà à ce pari. Le coma a tant d'effets pernicieux ! Pendant qu'il ensommeille l'esprit, il réveille la production osseuse. Elle se met à former des cartilages comme autant de verrous aux points charnière du corps. J'étais disposé à me plier aux exigences de la douleur. A dire vrai, je n'avais pas le choix.

Le samedi 16 février 1980, le professeur Pecker, chef du service de neurochirurgie, m'avait convoqué. Il voulait me voir en consultation. Le matin. Ça ne pouvait pas plus mal tomber. Le samedi pour moi était devenu un jour sacré. Chaque semaine, j'attendais le vendredi soir avec impatience pour pouvoir passer le week-end chez moi. J'avais marchandé le lundi matin en échange de celui-ci. Ma requête avait été entendue. Le professeur Pecker avait établi un bilan complet. Dans son rapport, transmis à six confrères parmi lesquels le docteur Roussel, il n'avait pas manqué de mettre l'accent sur ces problèmes d'articulations. Celui-ci se présentait comme suit :

*Je viens de voir à ma consultation Monsieur Yves Michel que j'avais déjà eu l'occasion d'examiner pendant son séjour dans le service de réanimation chirurgicale.*

*Avec sept mois de recul, l'évolution s'avère beaucoup plus favorable sur le plan neurologique que je n'osais l'espérer. Il existe une récupération totale des fonctions supérieures. Il n'y a aucune amnésie rétrograde mais il persiste, comme cela est habituel, une amnésie couvrant la période de l'accident et des troubles de la mémoire de fixation.*

*L'examen ne montre aucune atteinte des différents nerfs crâniens. Quant à l'examen au niveau des membres, il est très difficile à réaliser du fait de l'importance des rétractions tendineuses qui sont encore compliquées par l'existence d'ostéomes neurogènes. Néanmoins, je ne trouve pas de modification des réflexes tendineux ou cutanés, ni d'altération majeure de la sensibilité.*

*Le pronostic paraît donc essentiellement conditionné par les possibilités d'améliorer la liberté des différentes articulations aux quatre membres...*

Le feu vert pour la rééducation avait été confirmé. Officiellement. Tous les matins, de 8H30 à 12H, et tous les après-midi, de 13H30 à 16H, Jacques Huet. allait mettre mon corps et ma volonté à rude épreuve. Soit six heures de travail quotidien. Six heures à passer ensemble. A nous battre ensemble.

La première difficulté fut de décider par quel bout commencer. Il y avait tant à faire. Le plus urgent, semblait-il, était de s'attaquer à la laxité de mes genoux. Il fallait d'abord réduire les fameux flexums. Mes fractures du fémur s'accompagnaient de délabrements ligamentaires importants. On savait déjà que le mode de réduction orthopédique ne suffirait certainement pas. Une intervention chirurgicale réparatrice tant osseuse que ligamentaire s'imposerait à moyen terme.

*****

En attendant Jacques Huet avait programmé des procédés thérapeutiques progressifs. Des tractions-élongations, des exercices d'étirement des ischio-jambiers, une thérapie par la chaleur pour l'effet circulatoire, des massages et des douches décontractantes, une thérapie par le froid pour l'effet antalgique anti-inflammatoire, enfin des exercices de musculation contre résistance pour solliciter les différents groupes musculaires de la cuisse.

Lorsqu'il fit son premier montage de poulies, il s'y reprit à maintes fois pour être sûr que l'appareillage soit bien réglé… et surtout parfaitement adapté à cette toute première séance. Un grand jour ! J'avais hâte de commencer.

Mais une autre mise au point s'imposait. Je lui avais demandé de ne jamais tenir compte de ma douleur, de mes plaintes, de ma fatigue. Je lui avais fait promettre de ne jamais chercher à savoir si mes cris étaient ceux de l'effort ou ceux de la souffrance. Il consentit à ce marché de non-ingérence entre la technique et la sensibilité.

Jour après jour, il s'habitua à travailler ainsi avec le seul souci de l'efficacité. Et moi avec la seule détermination de repousser toujours les limites de l'endurance. Par tous les moyens, il essayait de maintenir une régularité dans l'obtention des progrès. Mais ils pouvaient être aussi notoires qu'insignifiants. Je m'en rendais bien compte. Et contre cela, Jacques Huet était impuissant.

Tout autour de moi, il y avait une étrange panoplie d'instruments inconnus mélangée à une kyrielle d'objets usuels. Mécanismes hydrauliques, cadres roulants et fixes, cannes, plateaux à bascule, gros ballons, élingues, sangles, colliers, poignées, sacs de sable, coussins, poids, poulies, ressorts, haltères, vélo... De tout cela émanait une curieuse atmosphère où la torture, le jeu et la relaxation ne semblaient faire qu'une seule et même discipline. J'étais le plus souvent attaché sur une simple table de kiné, maintenu au niveau du bassin pour éviter que celui-ci ne se déroba sous la pression des mouvements.

J'avais l'impression d'être enfermé dans une cage à poulies. Le montage était réalisé de telle façon qu'à la mobilisation d'un membre était opposée une résistance. L'opération devait s'effectuer par l'intermédiaire d'un assemblage énigmatique d'axes métalliques solidaires, de rouets et de cordes. Sans oublier les poids qui exerçaient une traction permanente sur mes muscles. Je suais ainsi toutes les larmes de mon corps pendant trois heures consécutives. Ma récompense se bornait à une bonne couche de Parafango di Battaglia, une sorte de goudron que Jacques Huet étalait sur mes cuisses brûlantes afin de détendre mes muscles. Il m'administra un traitement annexe hydrothérapeutique qui, à ma plus grande joie, me permettait chaque matin d'aller à la piscine. J'y trouvais un réel plaisir. Pareil à celui qui naît de l'hygiène corporelle. Je ressentais au plus profond de mon corps les bienfaits tonificateurs et récupérateurs de l'eau. Là, je faisais travailler mes membres par la résistance du fluide au mouvement et la pression hydrostatique.

De quoi méditer longuement sur le bon vieux principe d'Archimède. Il m'avait été prescrit aussi par le professeur Louvigné. une vingtaine de séances de radiothérapie anti-inflammatoire.

*****

Alors que ma rééducation n'avait commencé que depuis une semaine, elle dût être promptement interrompue en raison d'une douleur de plus en plus vive dans le dos.

Une rougeur très localisée me fit penser qu'il s'agissait d'un banal échauffement dû à la fréquence des exercices. Mais l'inflammation empira et se déclara rapidement comme un foyer d'infection. Un fil de suture, mal résorbé, en était le responsable.

Le jour même, un chirurgien incisa et ôta le corps étranger. A petite cause, grands effets. Il me fallut rester alité plusieurs jours, le temps de la cicatrisation. Mon humeur plutôt au beau fixe s'en trouva déstabilisée. Du jour au lendemain, elle devint massacrante.

Je ne supportais pas ce coup d'arrêt brutal au rythme et à l'application que je m'étais imposés. Mon engouement précipita une solution d'attente. Un grand coussin de mousse percé d'un trou à l'endroit de la plaie. Dès lors, Jacques Huet redémarra le programme de rééducation fonctionnelle. Et j'y avais gagné un appréciable confort !

*****

Après deux mois d'intenses et pénibles efforts, la déformation en flexion était passée de 40 à 35 degrés. Tant d'heures d'obstination, tant de mouvements inlassablement répétés et surtout tant de souffrance pour ne gagner que cinq malheureux degrés d'amplitude. Sans même imaginer poser les pieds par terre, j'étais bien loin de pouvoir encore seulement envisager l'extension complète de mes genoux.

Il fallait mieux les oublier rapidement ces ridicules cinq degrés. De la même manière qu'il ne faut pas surveiller sa montre lorsqu'on souhaite que le temps passe vite, il était trop tôt pour prêter attention aux résultats. J'avais beau me ressasser qu'il était préférable de se concentrer sur la qualité d'exécution de mes exercices, je n'arrivais pas à maîtriser ce coup d'œil sur le compteur de mes progrès. Il n'était plus question ici de résistance morale. Une telle force de caractère eût été soit inhumaine, soit surhumaine.

Cette maigre évolution incita Jacques Huet, en accord avec les médecins, à changer complètement le système de rééducation. Je continuais d'entamer ma journée par la piscine. Le maintien de cette petite heure de barbotage me donnait du baume au cœur avant de retrouver la table de torture ou de nouveaux supplices m'attendaient. Une table de deux mètres par quarante centimètres de largeur sur laquelle Jacquou m'allongeait sur le ventre. Il plaçait un coussin sous mon abdomen, une sangle autour des fessiers et une autre autour des chevilles. Tous les quarts d'heure, il venait resserrer d'un cran pour maintenir une posture d'extension à zéro degré. Ça faisait un mal de chien. Le complet enraidissement de mes articulations était accompagné de rétractions des parties molles. Dans mon cas, cette technique s'imposait comme le complément indispensable à la mobilisation. J'avais l'horrible sensation qu'on m'arrachait les jambes. Je restais dans cette position insoutenable une heure le matin et une heure l'après-midi.

Chaque fois que je me mettais torse nu pour me soumettre à ces pratiques martyrisantes, il m'en venait des sueurs froides. Avant même de commencer. Une fois plongé dans ce travail passif, il ne me restait pour réprimer mes cris qu'à serrer les dents et me mordre les joues.

*****

Les semaines me paraissaient de plus en plus longues et de plus en plus éreintantes. Un vendredi matin, je fus victime d'un malaise alors que je faisais des exercices d'hydrothérapie. J'avais senti une subite bouffée de chaleur me monter à la tête. Une impression vertigineuse. Et puis un voile noir. Jacques Huet avait tout juste eu le temps de me faire sortir de l'eau. Il m'avait ramené d'urgence dans ma chambre d'hôpital.

Je l'avais interrogé avec des yeux épouvantés. Je me demandais si le coma me guettait, de nouveau. Je n'avais pas bien compris ce qui m'était arrivé. Je m'exprimais avec lenteur. Je sentais mes mâchoires aussi lourdes que si elles avaient été anesthésiées. Le souffle me manquait. Je repensais à la malformation cardiaque de mon père. J'étais soudain paniqué à l'idée qu'elle puisse être congénitale. Cette respiration courte et gênée se manifestait-elle comme une réelle alerte à un passif héréditaire ? Il n'en était rien. Ma perte de connaissance passagère, ou assimilée comme telle, et l'anhélation qui avait suivi résultaient d'une trop grande tension nerveuse et d'un état asthénique caractérisé. Il me fallut plus de trois heures de repos complet pour dissiper les effets de cet accident. Il s'agissait en réalité d'une violente contracture.

Le week-end, je rentrais tout à fait normalement à la maison. Je ne ressentais aucune fatigue consécutive à ce malaise. Si bien que je n'en avais pas touché un mot à mes parents. Je ne voulais surtout pas les alarmer et leur donner un nouveau motif de tracas. Ils vivaient depuis si longtemps dans la plus tenace des anxiétés. Après bientôt un an de complet dévouement, ne pouvait-on même dire d'eux qu'ils ne vivaient pratiquement plus ! Ils m'avaient plutôt trouvé en forme. Et ils s'étaient réjouis de m'entendre leur dresser un tableau descriptif aussi enthousiaste de mes occupations de la semaine. Un enthousiasme que j'amplifiais généreusement, il faut bien l'avouer, pour enrober la vérité d'une couche d'optimisme bien digeste. Je voulais que mes parents savourent leur bonheur de m'avoir auprès d'eux sans arrière-pensée. Sans qu'ils puissent imaginer un seul instant la somme des déchirements physiques et moraux que je subissais pour diminuer mes séquelles.

Chez moi, je me sentais bien, détendu. Une seule frousse hantait mon esprit : l'escalier, la chute ! L'accident bête qui aurait réduit à néant tous les efforts déjà accomplis. Le pépin imprévisible qui aurait fini de me casser complètement. Je ne quittais jamais mon fauteuil roulant. Sauf maintenant pour monter à l'étage. Simple histoire de commodité pour mes porteurs attitrés, Jean-Yves et Roland, qui étaient pourtant de sacrés bras. Je les surnommais les Turcs. Mon poids paraissait bien moins imposant sur une chaise. En même temps qu'il m'effrayait, cet escalier m'attirait irrépressiblement. Du fait qu'il m'était un lieu interdit, j'y voyais un terrain à conquérir. Dès que je m'en sentis la force, je ne résistais pas à l'envie de tenter l'ascension seul. Un vrai sport de l'extrême. Je rampais jusqu'au bas de l'escalier, m'asseyais sur la première marche et gravissais les dix-huit degrés suivants en me propulsant à l'aide de mes coudes. Une montée périlleuse que j'enregistrais comme une victoire sur moi-même. Je n'avais sollicité l'aide de personne. J'avais vaincu ma peur. J'avais démystifié l'escalier. Pour moi, je venais de vaincre un fabuleux sommet !

*****

Comme chaque dimanche soir, je regagnais l'hôpital. Un peu à contrecœur. Comme chaque lundi matin, je reprenais les vieilles habitudes. Avec un peu d'appréhension. Arrivée l'heure de la piscine, j'immergeai mon corps à reculons. Aucun incident ne vint troubler cette séance.

A l'accoutumée, Jacques Huet m'avait ligoté ensuite à la table maudite, comme un crucifié à son calvaire. Au bout d'un quart d'heure, et en son absence, il me prit un nouveau malaise. J'étais cloué, terrassé par une brutale oppression sur ma poitrine. Je suffoquais. Au point qu'aucun son ne pouvait sortir de ma bouche. Impossible de hurler pour qu'on me détachât au plus vite. Heureusement, un aide-soignant qui passait dans le couloir fut alerté par mes contractions convulsives. Il me rallongea aussitôt sur mon lit, s'efforça de me ramener au calme.

Les examens neurologiques ne mirent pas en évidence la cause profonde de ces brèves perturbations. Comme bien d'autres, le phénomène resta inexpliqué. Il ne se reproduisit plus jamais par la suite.

Ces petits à-coups passagers n'avaient pas entamé ma confiance. J'étais toujours animé par la même volonté de redonner à mon corps sa totale liberté. Je n'étais pas disposé à économiser mon énergie pour y parvenir. Dans les moments d'abattement, qui suivaient souvent une impression de grande fatigue physique, je me forçais à avoir une pensée pour les autres. Pour ceux qui n'avaient pas été servis, comme moi, par une chance édifiante. Il y avait Gilles, 23 ans, 4 mois de coma, percuté par un camion. Il y avait Christian, 16 ans, 3 mois de coma, renversé par une voiture, alors qu'il circulait à vélo. Tous deux étaient vraisemblablement aujourd'hui condamnés au fauteuil électrique à vie. Et il y avait la petite Sophie qui – je le sus plus tard – n'avait pas survécu à son voyage au creux de la nuit.

Pour moi, tout avait été si différent. La lumière ! D'abord, en ce début novembre 1979, quand les premiers signes de sensibilité oculaire et auditive s'étaient manifestés. Puis, en ce 12 décembre 1979, quand ma mémoire s'était remise en marche à la stupéfaction du docteur Le Moulec en ce 1er février 1980, quand la pleine conscience m'était revenue. Comme un générateur qui repart progressivement et remet en tension tous ses circuits.

Plus aucune amnésie, plus aucune faille. Un cerveau intact qui – j'en étais persuadé – serait capable d'endurer toutes les épreuves nécessaires à mon rétablissement total.

Avec la fougue de mes vingt-six ans, je ne voulais pas croire aux choses sages et raisonnables. Au pronostic timoré du monde des valides. Je n'imaginais pas ne pas venir à bout de mes sévères handicaps. J'étais révolté et je revendiquais cette insurrection. Contre l'acquis, l'expérience, le savoir. Contre ce destin qui voulait me voir collé à un siège, sédentarisé pour toujours. Mais il ne servait à rien de se battre contre l'impalpable. Il fallait se battre contre soi-même. La vérité ne se trouvait nulle part ailleurs que dans la tête qu'on avait sauvée. Mais pour un handicapé, comme François Cluzet, dans le film “Intouchable”, il n'y a pas seulement sa tête qui fonctionne... En effet, en ce qui me concerne, quelques jours après mon réveil, en février 80, je fut animé d'une très forte envie sexuelle. J'étais dans l'impossibilité de me masturber. Je me suis dit qu'une aidante sexuelle m'aurait été indispensable. Je suis à 100 % pour l'aidante sexuelle. Je pense que ceux qui sont d'un avis contraire n'imaginent pas ce que vit un handicapé. Et même ce type d'assistance, sur ordonnance d'un médecin, devrait être prise en charge par la sécurité sociale.

Pour commencer, je ne devais pas négliger de reprendre des forces. Jusqu'alors, je n'avais pas attaché beaucoup d'importance à mon alimentation. Or, pour avoir fait beaucoup de sport, je n'ignorais pas que la nutrition joue un rôle essentiel au niveau du rendement musculaire et de la vitesse de remise en forme. Au moins, pouvais-je éviter ainsi les défaillances, les baisses de tonus, les passages à vide. Sans compter que les efforts que réclamait mon planning de rééducation n'étaient pas loin de rappeler une intense préparation sportive. Penser diététique ne pouvait que me conduire vers une meilleure exploitation de mon potentiel physique et vers une plus grande résistance à la douleur.

Bien que la perspective ne fût pas alléchante, je décidais d'aller prendre, désormais, mes repas au réfectoire du service. J'avais dans la tête un de ces lieux froids, à l'éclairage blafard. Avec de longues tables au revêtement terni et écorné et des convives serrés comme des sardines. Ce tableau délustré me venait sans doute de réminiscences du pensionnat.

Nous étions regroupés par tables de six, servis comme au restaurant. L'ambiance y était finalement excellente, la nourriture variée et abondante. J'entretenais des relations conviviales avec tout le monde. Et avec mon assiette, impeccablement nettoyée. Je ne laissais rien. Je mangeais comme quatre. Je m'étais assigné l'objectif de récupérer au plus tôt les 72 kilos de mon poids de forme. Alors, bien qu'à la limite de l'écœurement, j'engloutissais encore un demi-litre à un litre de lait en regagnant ma chambre. Du vrai gavage !

En même temps que la rééducation de mes genoux, je menais de mon côté l'opération de réhabilitation de ma main gauche. Elle était inclinée vers le bas en raison d'une désaxation du poignet. Mes doigts, quant à eux, étaient tenus repliés par une hyperflexion des dernières phalanges. Mes tendons extenseurs ne fonctionnaient plus. Plus encore que par la douleur épisodique, j'étais tourmenté par un fourmillement permanent.

Dans le courant du mois d'avril, on m'avait affublé d'un drôle d'appareillage de posture pour le poignet. C'était un mélange de Verplex pour les points de serrage, autour de l'avant-bras et de la paume, et de cordes à piano pour la structure rigide. Cette attelle avait un rôle d'immobilisation passive dirigée vers l'extension. On m'avait invité à l'utiliser quand bon me semblait. J'avais converti cette libre gestion du temps d'asservissement de ma main en un programme astreignant. Je m'étais imposé de la porter tous les soirs, le plus longtemps possible. Jusqu'à ce que la crispation qu'elle provoquait me soit insupportable.

En analysant le système, il m'était venu une idée que je n'avais pas manquée de soumettre à l'ergothérapeute. Rajouter le long de chaque doigt un cordeau métallique et, à son extrémité, une petite gaine en cuir pour fixer l'ensemble. De la sorte, poignet, paume et doigts pourraient se redresser en même temps. La contrainte atteignait son maximum.

Le résultat devait se révéler à la mesure de l'effort consenti. En moins d'un mois et demi, je récupérais la mobilité complète de ma main gauche.

*****

Le printemps battait son plein. Je jalousais la nature qui s'épanouissait chaque jour sous mes yeux alors que mon corps, lui, ressemblait toujours à un arbre décharné et rabougri par l'hiver.

J'allais déménager. C'était le seul changement radical qui me mettait quelque peu en conformité avec la saison des hirondelles. Je quittais l'hôpital Pontchaillou pour celui de l'Hôtel-Dieu où devaient avoir lieu toutes les opérations orthopédiques.

A la mi-mai 1980, je subis ma cinquième opération sous anesthésie générale. On pratiqua une mobilisation pour réduire mon flexum de genou. Malgré cette intervention, il devait rester invincible au-delà des 30 degrés. Le chirurgien n'avait donc pas obtenu sous anesthésie un meilleur résultat que Jacques Huet avec ses exercices d'extension, obtenu sans anesthésie. Mes flexums de genoux étaient irréductibles.

A mon réveil, une terrible déception me gagna. Je constatais que mes jambes n'étaient pas plus droites qu'auparavant. J'avais l'impression de faire marche arrière. Je m'étais laissé aller, sans connaître les vraies raisons de cet échec, à pester contre celui qui avait eu le trait de génie de me charcuter les genoux pour rien.

A la lumière de cette tentative manquée, il fut décidé d'une autre conduite thérapeutique. Une intervention différenciée pour chaque genou. Soit deux opérations avec un délai d'observation entre chacune d'elles. Son nom, la capsulotomie, m'avait fait penser à l'aérospatiale. A une quelconque technique de navigation aérienne. Plus facile à retenir qu'apparemment à réaliser. Certains risques dont j'ignorais la nature n'étaient pas exclus. Il y avait peu d'années qu'on pratiquait ce type d'opération. L'acte chirurgical consistait à ouvrir postérieurement et latéralement le genou. A sectionner, rallonger et recoudre les tendons avant de plâtrer pour mobiliser l'extension.

*****

Au soir du 1er juin 1980, une infirmière de la rééducation-adultes me fit les jambes lisses comme celles des coureurs cyclistes. Je m'étais senti nu comme un ver. Un peu atteint dans ma virilité. Ce soin préparatoire m'avait semblé très précoce. Nous étions le lundi et l'opération était fixée au mercredi après-midi. Je n'étais pas très rassuré de me retrouver dans ce service Saint-François. Ma mère m'avait raconté mon premier mois de coma, l'ambiance impersonnelle, les couloirs déserts du 14 juillet 1979, le sang dans mes urines, le coup de colère du docteur Roussel.

Ma défiance ne s'était pas révélée injustifiée. On me laissa poireauter plus de deux heures sur le brancard de l'ambulancier. A croire qu'on ne me considérait toujours pas plus ici qu'une plante potagère. A mes réclamations, on avait répondu qu'il fallait que je prenne mon mal en patience. Drôle de formule pour quelqu'un comme moi qui avait presque déjà fait de cette vertu son état naturel. Mais non, il fallait que je donne encore un peu plus de ce temps dévalué qui était le mien. Toute cette attente pour hériter de l'un de ces lits d'appoint que le personnel avait l'habitude d'utiliser lorsqu'il ne restait plus une chambre.

Je ne me souviens pas d'avoir jamais vu un tel

remue-ménage. J'avais le sentiment de me retrouver à l'entrée d'une bouche de métro à l'heure de pointe. Au milieu de cette activité fébrile, on déplaçait et on baladait mon lit avec la même délicatesse qu'on a pour un objet encombrant. On ne m'avait pas accueilli. On s'était débarrassé de moi.

J'avais été refoulé en bout de couloir, sous une grande fenêtre. Le jour, j'étais inondé par le soleil. La nuit, arrosé par la lumière fluorescente des néons.

Ma mère était scandalisée par les conditions dans lesquelles on me préparait à subir une intervention chirurgicale déterminante. Il était invraisemblable de me retrouver baigner dans une telle agitation alors que je pouvais disposer d'une chambre calme à l'hôpital Pontchaillou. Elle avait demandé à un médecin à ce que je fus ramené là-bas. Sans succès. J'avais insisté auprès d'une infirmière que j'estimais plus disposée à entendre mes doléances. A tort. Il me fallut en venir à l'épreuve de force.

– Je ne me fais opérer que demain après-midi, tentais-je de lui faire comprendre. Vous n'allez tout de même pas me laisser passer la nuit ici ?

– J'ai bien peur que si. Il n'y a pas de place ailleurs.

– Mais à l'hôpital Pontchaillou, il y a de la place. J'en viens. J'y ai une chambre !

– Vous avez été transféré ici, admis dans notre service. Il est impossible maintenant que vous repartiez.

– Je vous préviens, j'ai toute une panoplie de paillardes. Ce soir, vous serez servis. Je vous promets un récital.

– Et nous, on a une panoplie de piqûres pour vous calmer. N'ayez crainte, vous serez servi aussi !

Mon sang bouillonnait. Je n'avais jamais ressenti une telle envie de me lever qu'en cet instant. Ma mère était au bord des larmes. Elle priait pour que ma sœur Marie-Hélène arrive. Elle essayait par tous les moyens d'apaiser ma colère. Mais rien n'y faisait. Comme un boxeur, je revenais opiniâtrement au combat

– Ma sœur va venir tout de suite, l'avais-je informée. Je vais rentrer avec elle. Elle me ramènera à l'hôpital Pontchaillou. Je reviendrai demain matin.

– Écoutez, monsieur Michel. Vous n'avez pas le droit de partir comme ça. Il faut une ambulance. Et d'ailleurs, vous n'avez pas le droit de partir du tout. Nous sommes responsables de vous.

– Et vous, vous n'avez pas le droit de traiter un

malade comme ça. Vous n'avez pas le droit de me laisser dans un couloir, toute la nuit !

Excédée, elle tourna les talons et se rendit au bureau d'accueil. Je venais de réussir le knock-out. Elle téléphona pour avoir une ambulance.

Le lendemain, j'étais de retour dès sept heures trente. Avec le journal du jour et un paquet de revues pour faire passer le temps. Rien n'avait changé. Je retrouvais mon lit de secours… et ma place dans le couloir ! Vers neuf heures, je repassais à l'attaque. L'infirmière se demandait bien ce qui lui valait un tel acharnement.

– Qu'est-ce que vous voulez encore, me demanda-t-elle d'un ton lassé.

– Je voudrais un fauteuil roulant !

– Un fauteuil roulant ? Pour quoi faire ?

– Pour aller voir le directeur.

– Je ne pense pas qu'il soit disponible sur commande. Vous lui voulez quoi au directeur ?

– Je veux déposer une plainte !

– Une plainte ? Il me semble que vous avez obtenu ce que vous souhaitiez ?

– Vous croyez qu'on peut accepter que les malades soient abandonnés à eux-mêmes, parqués dans un couloir ? Non, non, je veux voir le directeur.

Je persécutais de nouveau l'infirmière jusqu'à ce qu'elle prenne en compte ma réclamation.

J'eus l'entrevue que je demandais. J'exposai au directeur de l'hôpital tous les griefs que j'avais à l'encontre du service Saint-François. Je m'étonnai de l'écoute attentive et compréhensive de mon interlocuteur. Il m'encouragea même à faire remonter ma plainte en de plus hautes instances. Il était le premier à espérer que ce type de témoignage indigné servirait ; qu'il pourrait donner la mesure du manque de crédits de son hôpital pour réaliser les améliorations nécessaires.

Ma sixième opération se fit sous la main du docteur Marquer qui est chirurgien orthopédiste. Un homme sympathique. Je restais cinq heures en salle d'opération. J'y étais parti heureux et confiant. Satisfait du résultat concret que me promettait cette intervention aux genoux.

On commença par le droit. Le gauche présentait une calcification osseuse évolutive qui rendait l'opération encore trop précoce.

Ma mère était là à mon réveil. Dans une chambre, cette fois. Je transpirais abondamment. La température extérieure frisait les trente degrés. A l'intérieur, il ne faisait pas de doute qu'on pouvait lui rajouter quelques unités.

Les derniers effets de l'anesthésie me faisaient encore délirer. Je blaguais avec l'infirmière. J'avais soif. Je lui réclamais à boire. Elle m'offrit un gant mouillé avec lequel elle me fit une caresse rafraîchissante au visage.

– Le pauvre, il a chaud, s'apitoya-t-elle.

– Chaud ? Je suis en chaleur…

– Eh bien, mon vieux, dans l'état où tu es, je ne risque pas grand chose.

– Aujourd'hui, oui mais… Attends de voir demain…

La nuit consécutive à cette opération fut très longue. J'avais faim, j'avais chaud et surtout très soif. Je ne réussissais pas à trouver le sommeil. J'étais impatient de savoir si la capsulotomie que je venais de subir allait tenir ses promesses. Si mon genou allait enfin retrouver sa raison d'exister. J'étais agité comme si j'avais eu de la fièvre. Mes draps étaient trempés de sueur. Très souvent l'infirmière venait me rafraîchir la figure. Mes lèvres étaient brûlantes, ma bouche desséchée.

Ce n'est que vers minuit que j'eus le droit à un verre d'eau. Je mâchais chaque gorgée jusqu'à ce que le liquide devînt matière consistante. Je me délectais de sa caresse sur la langue, le palais et les gencives. Je jouissais de la sécrétion salivaire retrouvée. Je ralentissais à plaisir son passage dans l'isthme du gosier.

Près de moi, il y avait un garçon qui s'appelait Louis. Il reposait sur un lit qui, toutes les cinq minutes, faisait entendre le bruit ronflant d'une soufflerie. C'était le jour de ses 16 ans. Un anniversaire à l'hôpital, ça serre toujours la gorge. Il avait pleuré. Je m'étais efforcé de lui remonter le moral. Il avait atterri là suite à un accident de Mobylette. Un dérapage, une perte de contrôle sur des gravillons. Il ne sentait plus ses jambes. Je le revis plus tard au Centre de rééducation de Rennes Beaulieu. Son insensibilité des membres inférieurs se déclara irréversible. Comme beaucoup d'autres, il quitta l'hôpital en fauteuil roulant. Pour la vie.

J'étais confronté depuis des mois à une longue liste de cas similaires. Je ne m'y habituais pas pour autant. A chaque fois, un insoutenable sentiment de révolte montait en moi. Il me faisait réaliser le poids de ma chance dans le fardeau que je portais.

Je restais à l'Hôtel-Dieu jusqu'au samedi matin. Je ne cachais pas ma joie de tirer ma révérence au personnel du service Saint-François.

*****

A l'hôpital Pontchaillou, j'avais eu l'impression de rentrer dans mes meubles. Je dus rester alité une dizaine de jours pour la cicatrisation. Les jours s'écoulaient sans heurt particulier jusqu'au moment où ma cheville droite vint s'inscrire au registre des zones douloureuses. Des élancements aigus m'interdisaient le moindre mouvement. Ils m'empêchaient aussi de dormir. J'avais le pied déformé comme celui d'une danseuse qui fait des pointes. Je ne pouvais ni le ramener vers moi, ni le faire tourner.

Chaque jour, Jacques Huet me faisait des massages de la cheville. Il devait rétablir une bonne position de l'axe pied-jambe avant de pouvoir corriger l'équinisme lui-même dont je souffrais.

Au bout du douzième jour postopératoire, on m'avait retiré mon plâtre. J'avais deux cicatrices d'une quinzaine de centimètres derrière le genou. Le gros travail à venir consistait maintenant à le faire plier.

*Chapitre X*

## *UN MORAL CHEVILLÉ... AUX JAMBES*

Je le savais depuis longtemps. Sur le plan physique, il n'y aurait pas forcément de progrès spectaculaires. Mon rétablissement s'opérait en douceur, par petites touches successives. J'oubliais rapidement le terrain reconquis pour ne voir que les handicaps restants. Le long parcours de ma guérison était perpétuellement jalonné de nouvelles formes de maux et de souffrances. A chaque fois des sensations inconnues, plus déchirantes les unes que les autres, harcelaient mon corps torturé. Le siège de la douleur se déplaçait sans cesse.

Cela provenait de la diversité des traitements traumatiques ou orthopédiques auxquels j'étais soumis. Lorsqu'on réparait d'un côté, j'avais l'impression de me détraquer de l'autre. Pour moi, rien n'évoluait vraiment.

A la fin du mois de juin, le docteur Brissot, du Service de rééducation fonctionnelle, établissait pourtant un bilan complet encourageant. Même si la liste des séquelles demeurait impressionnante.

*Votre patient, Monsieur Yves Michel, poursuit toujours sa rééducation. Sa situation est en amélioration constante. Il est en bon état général. Il est coopérant. La récupération psychologique se poursuit. Il n'y a pas de désorientation, pas de trouble amnésique...*

*Sur le plan orthopédique, on sait que ce patient est atteint aux épaules, coudes, poignets, hanches et genoux...*

*Sur le plan fonctionnel, l'autonomie est considérée comme acquise pour toutes les activités de la vie quotidienne, mis à part quelques difficultés d'habillage qui devraient être prochainement surmontées. La marche pourra se faire sans aide sur de courtes distances.*

C'était la plus hallucinante des nouvelles depuis le réveil de mon cerveau. J'allais pouvoir remarcher. J'étais bouleversé à l'idée de retrouver l'usage de mes jambes. Lorsque j'avais eu connaissance du pronostic établi par le docteur Brissot, j'avais ri et pleuré tout à la fois. Drôle de coïncidence, cela faisait un an jour pour jour que j'avais eu mon accident.

Quel merveilleux cadeau pour ce macabre anniversaire ! Quel formidable pied de nez ! Il n'aura plus jamais sa tête et il ne remarchera jamais. Je me répétais inlassablement cette phrase. Je me la répétais pour qu'elle devienne creuse. Pour qu'elle s'effrite sous ma langue comme du bois poreux.

Je me sentais bondir à l'intérieur de moi-même. Pour la première fois, je brûlais d'impatience de retourner au service Saint-François. Je l'avais haï. Voilà que je le chérissais. Plus pour rendre hommage au talent du docteur Marquer qu'à la qualité générale de son personnel.

Ma seconde capsulotomie sur le genou gauche devait être pratiquée le 17 juillet. La première avait été couronnée de succès. Je ne doutais pas un seul instant que la suivante lui ressemblerait en tout point. Au bout de cette intervention, la septième, se profilait une incroyable réalité : la validité.

Je restais, là encore, quelque cinq heures sur la table d'opération. A mon réveil, je sentis mon genou terriblement comprimé par le plâtre.

Comme serré dans un étau de fer. J'avais demandé au chirurgien s'il lui était possible de l'ouvrir tant la compression devenait insupportable.

Douze jours, ce fut le délai minimum qu'il me demanda d'observer. Heureusement, la retransmission des jeux olympiques à la télévision m'occupa l'esprit durant cette période. J'avais regagné ma chambre de l'hôpital Pontchaillou. Tout aurait dû se présenter pour le mieux. Mais j'avais mal. La sensation d'écrasement se faisait de plus en plus vive. Je n'avais rien éprouvé de comparable pour mon premier genou.

Mes parents passèrent le week-end qui suivit l'intervention à mes côtés. Je ne leur cachais pas ma difficulté à surmonter l'épreuve de ce plâtre étrangleur. Mon visage ne se défaisait plus du masque de la douleur.

Le dimanche soir, je commençais à avoir de la fièvre. Je ne me sentais pas bien. L'interne de garde, le docteur Le Moulec, vit ma température monter en flèche jusqu'à 40 degrés en l'espace de quelques heures. Il se décida à sectionner mon plâtre pour le transformer en une gouttière de maintien. Dessous, des bandes enroulées autour de ma jambe renforçaient la posture d'extension. Une fois mon genou complètement dégagé, le docteur

Le Moulec constata qu'il était tout noir, anormalement protubérant. C'était à n'en pas douter la cause de cette douleur persistante et aussi, vraisemblablement, celle de ma température élevée. Pour en avoir la confirmation, je fus transféré au service des maladies infectieuses dans la nuit même du dimanche, vers les deux heures du matin. La promptitude de ce transfert n'augurait rien de bon.

On m'avait installé dans une pièce ridiculement petite qui tenait plus du cagibi monastique que de la chambre d'hôpital. Un réduit pour ainsi dire aveugle où il ne m'était permis aucune distraction. Je me demandais ce qui allait m'arriver. J'étais néanmoins rassuré de me savoir toujours à l'hôpital Pontchaillou. Tant que je ne quittais pas son enceinte, j'étais au moins sûr que rien de grave ne pourrait se produire sans qu'il me soit aussitôt prodigué les soins appropriés. Une longue attente commença. Seulement suspendue par des analyses de sang à intervalles réguliers. D'autres examens furent pratiqués au niveau de mon genou suspect.

Le lundi soir, le thermomètre grimpait à 41°3. On n'avait toujours pas déterminé clairement l'origine de ces troubles anormaux. Dans un premier temps, seule l'idée d'un foyer microbien localisé fut avancée pour expliquer le mauvais état de mon genou. Aussitôt démentie pour s'en tenir à l'effet tuméfiant de la compression sous plâtre. Quant à la fièvre, plusieurs suppositions avaient été émises par les docteurs. Ainsi s'en expliquaient-ils dans leur compte-rendu :

*Monsieur Michel a été hospitalisé à la clinique des maladies infectieuses dans les suites d'une intervention chirurgicale. Il a subi des interventions itératives en vue de réduire ses séquelles motrices, la dernière en date remontant au 16 juillet.*

*Quatre jours après est survenue une fièvre brutale à 40 °, sans frissons, pour laquelle le patient a été adressé à notre service. Il existe deux hypothèses étiologiques :*

*– Le genou, car il est gros, chaud et douloureux.*

*– Une infection pulmonaire. Il existe une petite toux, quelques crachats striés de sang…*

Une antibiothérapie à base de pénicilline avait eu raison de ma fièvre. Mais des signes radiologiques mettant en évidence la formation d'un abcès pulmonaire, celle-là avait été reconduite pour une dizaine de jours. Pour finir, on avait conclu à une pneumopathie d'inhalation. J'avais contracté cette maladie au service Saint-François.

Lui et moi, décidément, étions vraiment fâchés !

Lors de mon dernier séjour, j'y avais partagé ma chambre avec un jeune accidenté de la route. Le destin ne l'avait pas épargné lui non plus. Fracture de la colonne vertébrale ! On l'avait immobilisé en traction continue dans la position horizontale. Pour plus de trois mois. Sale histoire. Deux morceaux de tige lui sortaient de chaque côté de la tête. Et un poids de 8 kilos tirait sur la broche pour maintenir la colonne rectiligne.

Le corps ainsi rigidifié, il n'avait pour seul horizon qu'une minuscule zone du plafond dont il devait connaître les défauts par cœur. Plaqué à son lit, mortifié par l'ennui, il s'était réfugié dans une débauche tabagique qu'il n'interrompait que pour s'alimenter. Nous vivions dans un épais nuage de fumée qui, malgré la fenêtre entrebâillée, voilait la pièce et ne se dissipait jamais totalement. Je n'avais pas eu le courage de lui interdire la seule occupation qui lui restait. Il s'en était suivi, sur mes poumons fragilisés par les longs mois de coma, l'inflammation aiguë que l'on sait.

J'avais eu du mal à me débarrasser de cette infection pulmonaire. Elle s'était manifestée par de fortes douleurs thoraciques. Comme des pincements et des brûlures. Une nette obstruction ventilatoire me donnait l'impression de suffoquer. Je n'arrivais presque plus à parler tellement le souffle me manquait. Et une toux expectorante avec une quantité importante de matière purulente me tapissait la bouche en permanence. J'avais eu d'abord trois piqûres par jour. Puis des comprimés. Enfin des aérosols fluidifiants et antibiotiques. Piqûres, inhalations, vomissements... En somme, j'avais tout du parfait drogué.

J'avais complètement perdu l'appétit. Les crachats et les nausées m'avaient fait prendre la nourriture en horreur. Dans ce sombre tableau, il ne restait que mes genoux pour me remonter le moral. Le flexum du droit avait complètement régressé. Il ne persistait qu'un certain degré d'équinisme pour lequel les chirurgiens avaient proposé un éventuel rallongement du tendon d'Achille. Le flexum du gauche, quant à lui, restait léger à environ 10 degrés. On ne doutait d'obtenir sa résorption totale, une fois la lésion cutanée complètement guérie, en recourant à la kinébalnéothérapie.

## *Chapitre XI*

### *DEUX ANS APRES, LA VIE DEBOUT*

Chaque fois que je regagnais ma chambre, en rééducation fonctionnelle, j'éprouvais un grand apaisement. Un indicible soulagement qui me donnait la sensation de dénouer mon corps encore soudé de toutes parts.

Pour le week-end de l'Assomption, je dus me contenter d'un droit de sortie limité au dimanche. Mais quelle sortie ! Mes parents avaient obtenu des médecins l'autorisation d'une promenade au bord de la mer.

L'après-midi, Patrick, un copain, me conduisit à Dinard, la station balnéaire où mes parents avaient leur résidence secondaire. J'avais eu la prodigieuse impression de partir en vacances, comme autrefois, m'étais-je dit, avec la nostalgie d'une personne âgée à laquelle suffit le bonheur simple des souvenirs réchauffés.

Je recommençais le dernier week-end d'août. Avec mes parents, cette-fois, qui m'emmenèrent manger au Grand Hôtel de Dinard. A table, je sentis peser sur ma personne le regard persistant du serveur. Sans doute, à ce moment, la vision de mes nombreux handicaps, le faisait-il me plaindre, pensant que jusqu'à ma mort je serais condamné à vivre tel que je lui apparaissais. Je me fis remarquer de tout le monde. Moi, je ne voyais personne. Juste la vraie vie, là tout autour, comme un chaleureux halo de lumière. Nous étions allés à la plage. Bien-sûr, je ne pouvais pas faire grand chose. Seulement me délecter de la voluptueuse mouvance de la mer et de la beauté pure des grandes étendues de sable chaud.

J'avais éprouvé de la peine en regardant tous ces jeunes gens qui jouaient au ballon. Il m'était revenu en mémoire l'été 1976 où j'avais organisé le premier tournoi inter-corporatif de Châteaugiron. Je revoyais le défilé humoristique des participants : l'équipe des cafetiers traînant un baudet chargé d'une barrique de cidre, l'équipe des pompiers avec leurs costumes 1930, l'équipe du Centre de contrôle laitier et leur inséparable vache, les postiers et leurs vieux vélos, les couvreurs et leurs échelles, les gendarmes à lunettes et moustaches, les charcutiers et leurs grandes oreilles persillées... un match féminin avant la finale, mariées contre célibataires ! Et puis, cette grande soirée que j'avais concoctée pour plus de 600 personnes. Un menu complet, quelque 125 litres de sangria, 150 litres de cidre bouché, 7 fûts de vin... J'avais 23 ans. J'étais de toutes les fêtes, assoiffé de vie !

L'été touchait à sa fin. C'était le deuxième que je passais consécutivement à l'hôpital. A la différence du premier, et pour cause, j'avais été sensible à la chaleur. Un certain état d'abattement mêlé d'un ennui chronique s'était installé chez moi. L'idée de me retrouver ainsi lancé pour une nouvelle boucle tropique dans ma cellule aseptisée me pesait de plus en plus sur le cœur. Surtout depuis que j'avais pu m'éloigner du milieu hospitalier.

J'avais même fait un vrai voyage. A Salles-Curan, chez mon frère, où l'on m'avait autorisé à passer quelques jours. Le retour à la réalité avait été très dur. L'odeur de chlore, d'antiseptiques et désinfectants en tous genres, la gentillesse surfaite du personnel, la moyenne d'âge élevée des patients, la confrontation aux maladies et handicaps les plus divers, la dégradation physique, l'usure morale, les cris, les plaintes, les gémissements... tout m'était redevenu étranger, intolérable.

*****

Fort heureusement, la situation allait évoluer à partir du 21 septembre 1980. Je passais en hôpital de jour. Chaque matin, à huit heures, un taxi venait me chercher à la maison. Il me récupérait le soir, vers dix-sept heures, à l'hôpital. Tous mes déplacements s'effectuaient encore en fauteuil roulant. Mais ce mouvement quotidien changeait bien des choses. Il me donnait l'impression de me rapprocher d'une vie normale. Avec un rythme où le temps se parcellise au lieu de se densifier jusqu'à l'indigestion.

Mon état général s'en était positivement ressenti. Même si sur un plan strictement locomoteur, il restait beaucoup à faire. Notamment au niveau de mes hanches et de mes coudes, solidement vissés. Et puis aussi de ma main droite, bloquée par un flexum très important des doigts, des rétractions tendineuses et une luxation de l'articulation du pouce empêchant l'opposition et la préhension.

Les séances d'ergothérapie, pratiquées tous les jours, pendant une heure, n'avaient pas permis dans ce domaine de progrès notoires. Je devais m'enfoncer tout doucement des sortes de petites toupies en bois dans le creux de la main. De manière à désolidariser doigts et paume. Je m'efforçais de les garder au moins une demi-heure. De cet écartèlement sciemment provoqué naissaient des crampes insoutenables qui me faisaient grimacer. Une fois les objets coniques retirés, mes doigts reprenaient invariablement leur position initiale.

Pour sauver cette main convolutée sur elle-même comme une feuille de bananier, il ne restait a priori qu'une solution : la chirurgie. J'avais placé tous mes espoirs dans une possible intervention. Seulement possible car, par avance, elle était annoncée comme vouée à l'échec.

Par chance, il était d'autres parties de mon corps qui réagissaient plus favorablement à la rééducation. Ma jambe droite notamment dont les muscles avaient amorcé un regain de tonicité. Elle supportait maintenant un poids de trois kilos. Charge dérisoire mais progrès respectable. Car il avait fallu repartir de zéro. Avant la fin de l'année 80, je m'étais promis de me rendre par mes propres moyens au Cellier, la crêperie où j'avais l'habitude d'aller très souvent avant mon accident. Cinq cents mètres la séparaient environ de la maison. Je m'étais juré de m'y rendre au moins une fois sans béquille avant le 31 décembre. Ça restait plus réaliste et moins prétentieux que le semi-marathon !

Le 19 novembre 1980, le professeur Louvigné, du service de rééducation fonctionnelle, faisait à mon sujet le rapport suivant :

*A l'heure actuelle, après ses libérations postérieures, le patient est en rectitude à droite avec une récupération du déficit en grande partie. A gauche, il persiste un tout petit déficit d'extension qui vient du fait d'une pneumopathie l'ayant conduit en maladie infectieuse. Ce qui a retardé la mise en route de la rééducation active.*

*Par ailleurs, il est à signaler une obliquité du bassin qui est en train de s'instaurer. Elle est due au raccourcissement du membre inférieur droit et, d'autre part, à la constitution d'un ostéome de hanche droite qui gêne la flexion. Cette dernière est limitée à 50 degrés…*

*Dans ces conditions, étant donné que la rééducation a besoin de ces membres inférieurs, il faudra commencer en premier lieu par le traitement chirur-*

*gical de cet ostéome. Ceci dans des délais assez brefs. Avant de s'occuper de son coude gauche, très raide, qui est aussi le siège d'un ostéome que nous apprécierons sur le même bilan radiographique.*

*Il faudra également mobiliser les doigts de la main droite et apprécier les possibilités de mobilisation du coude gauche pour avoir une idée de la rééducation ultérieure.*

*****

Depuis la fin du mois d'octobre 1980, je m'étais séparé définitivement de mon fauteuil roulant. Du moins, le croyais-je. J'avais commencé à me déplacer avec des cannes dites "cannes d'avant-bras". Des objets façonnés de sorte que la charge ne se répercute pas sur le coude et le poignet. Je faisais donc reposer mes avant-bras sur un support adapté et je ceinturais l'ensemble avec une large bande de Velcro. Certes, ma démarche n'avait rien d'orthodoxe. On peut même dire qu'elle ressemblait en tout point à celle d'un canard boiteux. Mais elle avait le mérite d'exister et l'avantage de me redonner une autonomie certaine. Elle me semblait remonter à la nuit des temps.

C'était le fruit du long travail de forçat que j'avais exécuté sous l'œil attentif et la main corrective de Jacques Huet. A combien d'exercices fonctionnels m'étais-je plié sans mot dire pour en arriver là ? J'étais bien incapable de les comptabiliser tant ils avaient été nombreux. Toujours est-il qu'il m'avait fallu passer par une réadaptation progressive à la verticalité et par une préparation consciencieuse à la marche. Je réintégrais enfin la vie de tous les jours sur mes deux jambes. Il m'en venait un sentiment de dignité retrouvée.

J'avais démarré avec un peu d'appréhension. La peur du faux pas, de la glissade ou de la chute brutale ne me quittait pas l'esprit. Je n'étais plus habitué à voir la vie avec autant de hauteur. C'en était vertigineux. Et puis, peu à peu, je m'étais accoutumé à cette autre vision des choses. Je m'étais acclimaté à cette nouvelle forme de déplacement. L'attention minutieuse et l'application du départ avaient fait rapidement place à un semblant d'aisance. Personne ne manquait de me mettre en garde. Tout était encore si récent. Ma technique, il est vrai, restait bien approximative. Je devais encore apprendre à bien coordonner mes gestes, à retrouver la précision et la force pour chacun d'eux.

Au point de vue musculaire, seule ma jambe

gauche approchait d'une récupération normale. J'arrivais maintenant à lui faire soulever un poids de vingt-cinq kilos. Ma jambe droite, elle, ne supportait encore que le dixième de cette charge.

Il me restait à peine deux mois pour tenir mon pari. Jacques Huet, bien entendu, était au courant de ce nouveau défi lancé à moi-même. Il m'avait dit qu'il ne pouvait rien me promettre. Mais que pour moi, rien n'était jamais écrit. Ensemble, nous avions toujours repoussé les limites du possible. J'étais un cas. Et pour cette raison, je crois qu'il aimait travailler avec moi.

La première chose indispensable à cet objectif était d'acquérir un équilibre parfait. Jacques Huet avait pensé qu'il fallait battre le fer pendant qu'il était chaud. Il me conduisit dans une grande salle recouverte au sol de tapis-mousse bleu. Jacques Huet s'était mis à genoux. Il m'avait demandé de l'imiter.

Je me trouvais face à lui, les yeux dans les yeux. Son regard exprimait tout l'intensité de ce moment de vérité. Je ne sais pourquoi, j'avais l'impression de jouer ma vie. Il prit mes mains fermement dans les siennes. Au moyen d'une légère traction, il m'invita à avancer dans sa direction. Je le suivis comme l'aurait fait un poussin avec sa mère. Sans réfléchir aux gestes que j'accomplissais. Je m'en remettais complètement à lui.

Il y avait un silence de cathédrale que seul venait troubler le couinement de nos genoux sur le revêtement synthétique. Ses paupières se refermèrent plusieurs fois pour me signifier que j'étais dans la bonne voie. Puis, il chercha volontairement à me déstabiliser. Il me portait de petits coups secs aux épaules. Sans me donner le temps d'anticiper. A chaque fois, je parvenais à rétablir mon équilibre. Alors, pour compliquer le test, il se décala sur le côté. Je ne le voyais plus. Au moment le plus inattendu, il m'assenait une forte poussée tantôt côté dorsal, tantôt côté ventral. Là encore, je montrais de bons réflexes et trouvais la parade. Je jubilais ouvertement devant lui. Il se montrait tout aussi satisfait que moi. Se replaçant à nouveau devant moi, il multiplia les bourrades avec la vitesse d'enchaînement d'un boxeur. Épaule droite, épaule gauche, derrière, devant... Je basculais. Jacques Huet me réceptionna dans ses bras.

Dans l'euphorie, je me laissais aller à l'embrasser dans le cou. Il rit. Alors que je m'appuyais de tout mon poids sur lui, je fus surpris qu'il me lâche. N'ayant plus aucune prise, je m'affalais lourdement sur lui. A vouloir trop jouer, c'est lui qui en avait payer les conséquences. Entorse du genou, huit jours d'arrêt ! On ne doit pas compter beaucoup de patients directement responsables d'un accident de travail de leur kinésithérapeute. C'était encore mon cas ! Sans doute m'avait-il trop répété que j'en étais un. Ca lui avait porté la poisse.

Huit jours d'absence, ce n'était pas pour arranger mes affaires. Un autre kinésithérapeute vint bien le suppléer. Mais il va sans dire que la complicité n'était pas la même.

A son retour, Jacques Huet constata, non sans une certaine admiration, que mon sens de la stabilité touchait à l'excellence. Pour sa part, il boitait encore. Il me demanda, à l'avenir, de prendre un peu plus soin de lui.

Il me mit à l'épreuve sur une petite piste ovale bordée d'une structure tubulaire sur laquelle je pouvais prendre appui. Au début, j'eus besoin de mes deux mains pour m'agripper et assurer le bon déroulement articulaire de mes jambes. Peu à peu, je parvins à n'utiliser qu'une main pour évoluer correctement. Il m'arrivait même de ne pas me tenir du tout, mais très subrepticement. En une semaine de travail acharné sur cette piste clownesque, je pris de l'assurance jusqu'à réaliser un tour complet sans jamais m'accrocher une seule fois. A la faveur de cet exploit mémorable, j'avais levé les bras au ciel comme un athlète victorieux.

*****

Un soir, peu avant Noël, lorsque le taxi me déposa devant l'entrée de la maison, ma mère me vit descendre et marcher jusqu'à elle sans l'aide d'un quelconque soutien. Son tricot lui en échappa des mains. Je passais devant elle et traversais la salle à manger avant de m'asseoir. Ses yeux s'embuèrent d'une joie qu'elle parvenait à peine à extérioriser. Cette année-là, je gagnais mon pari. J'étais ficr de moi.

Que ne furent-ils pas étonnés, au Cellier, le 29 décembre 1980, de découvrir cet homme nouveau, arrivant de nulle part, frappant aux carreaux de la crêperie ! C'était la première fois que je remettais les pieds dans notre repaire de copains. De surcroît, j'étais sans béquilles ! Personne ne m'avait reconnu. Ou plutôt, personne n'avait voulu croire qu'il pouvait s'agir de moi, Yves Michel.

Le 1^er^ janvier 1981, je passais le réveillon avec la même bande d'amis que les autres années. Ils étaient heureux de me compter à nouveau parmi eux. J'avais été impressionné de les revoir tous réunis. Tels des projecteurs, les regards s'étaient braqués sur moi. Pour le nouvel tous avaient trinqué à mon rétablissement complet et définitif. L'émotion m'avait serré la gorge.

Personne n'avait soupçonné que mes larmes de joie cachaient un sentiment d'amertume. Mon cœur palpitait encore pour Babette. Elle aurait dû être là à mes côtés. Elle aurait dû m'aider à réintégrer en douceur ma vie sociale. Elle aurait dû tout bonnement être ma femme.

*Chapitre XII*

## *UN MONDE DE PÉNITENCE*

Depuis l'été précédent, je traînais des complications hépatiques. Ces anomalies s'étaient révélées suite à mon transfert à la clinique des maladies infectieuses. Elles se traduisaient par une insuffisance des fonctions métaboliques du foie. J'avais des troubles digestifs. Je réagissais mal à l'ingestion de corps gras. J'étais nauséeux et asthénique. Mes urines étaient foncées, mon transit perturbé. J'étais devenu frileux. A l'examen, on avait constaté que l'organe avait augmenté de volume et qu'il était un peu sensible. Dans un premier temps, ce retentissement hépatique avait été mis sur le compte de ma pneumopathie d'inhalation. Mais il persistait maintenant depuis trop longtemps pour que cette hypothèse fût validée.

La reconstitution des faits, sur le plan hépato-biliaire, était devenue difficile. En raison de la complexité du circuit hospitalier que j'avais suivi. Entre mes différents séjours, parfois même croisés, en ortho-traumatologie, en réanimation chirurgicale et en rééducation-adultes, il n'était pas facile de s'y retrouver.

Pour ce qui était de la nature de ces perturbations hépatiques, un certain nombre de diagnostics avaient été écartés. Pas d'hépatite virale A, qui se contracte par épidémie. Pas d'hépatite virale B dont le mode d'infestation se fait par contamination, par du sang infecté ou par un matériel mal stérilisé. Non A non B, l'hypothèse d'une atteinte à l'occasion des gestes chirurgicaux ou des transfusions ne pouvait être retenue. Il ne restait qu'à conclure à une origine intra-hépatique.

Le stade évolutif de cette hépatopathie était pratiquement impossible à déterminer, compte tenu de l'incertitude du début de la maladie. Fallait-il le situer en 1979 ou en 1980 ? Personne ne pouvait se prononcer avec certitude. Les médecins avaient conclu à une maladie proche de l'hépatite chronique à activité modérée, sans doute d'origine virale. Ils n'écartaient pas l'intervention de facteurs supplémentaires d'ordre infectieux telle que la septicémie à staphylocoque. Il n'y avait rien à faire pour l'instant. Seulement suivre l'évolution de ces perturbations pour apprécier le degré de chronicité.

*****

Le 12 janvier 1981, j'entrais de nouveau à l'hôpital de l'Hôtel-Dieu. Ma huitième intervention sous anesthésie générale allait être consacrée à ma hanche droite. Un énorme cal osseux antérieur la rendait complètement inopérante. Le docteur Marquer avait repris l'incision précédente sur ma cuisse pour intervenir.

Pendant trois heures environ, il s'était acharné à me défaire du gros ostéome qui siégeait en deux parties sur le bord supérieur du col du fémur. La fracture avait été réduite par une lame-plaque posée dix-huit mois plus tôt. Mon fémur étant consolidé, il avait procédé à son ablation. Ainsi avait-il obtenu une flexion à 80 degrés, limitée pour le reste par des tractions postérieures.

Dans le même temps, le docteur Marquer en avait profité pour corriger la déformation de mon petit orteil qui chevauchait les autres doigts de pieds. Il avait sectionné l'extenseur et réalisé une capsulotomie interne.

Initialement prévue le 5 janvier 1981, cette opération s'était vue repousser d'une semaine. La raison ? J'avais refusé catégoriquement de retourner au service Saint-François. Privilège dû à ma fermeté, je venais donc de subir cette intervention chirurgicale dans le service "privé" du professeur, *"le service Saint-Yves"*.

La prestation ne souffrait aucune comparaison. Ironie du sort, mon réveil allait être le plus pénible de tous. Comment une aussi petite chose qu'un doigt de pied pouvait-il faire aussi mal ? Pendant deux bons jours, j'eus l'horrible sensation qu'une fourmilière me le dévorait. Surtout la nuit. Un vrai cauchemar. Il faut dire que la position de ma jambe ne contribuait en rien à calmer ma douleur. Elle était le plus souvent en extension sous l'effet d'un poids de cinq kilos.

Toutes les heures, quelqu'un devait venir me masser l'orteil. La situation confinait à l'absurde. La souffrance qu'il me fallait endurer, elle, n'avait rien de dérisoire ou d'imaginaire. A peine celle-ci s'était calmée qu'une autre lui succédait. Bien pire encore. Cette fois, ce fut un mal irréparable. Je fus brisé, en effet, Babette, qui était enceinte, avait dû se marier avec Marc. Un bon moyen, pour lui, de me la subtiliser définitivement alors que je semblais en mesure de récupérer son amour.

Je dus patienter vingt et un jours avant de pouvoir remarcher. Parfois, il me semblait avoir seulement rêvé de reposer le pied par terre.

Passé mon délai de pénitence postopératoire, Jacques Huet réapparut dans ma chambre avec un fauteuil roulant. La confrontation soudaine avec cet objet d'assistance provoqua chez moi un véritable choc. Je l'avais définitivement rayé de mon existence. J'amorçais un mouvement de recul avec l'instinct d'un animal félin qui renifle le piège. Avant de me laisser apprivoiser par mon kinésithérapeute en qui j'avais toute confiance. Il me conduisit en salle de rééducation et m'annonça :

– Ca fait vingt et un jours que tu as été opéré. Tu as suffisamment attendu pour remarcher.

Il était dans mon dos. Je sentis une franche pression de mains sur mes épaules en signe d'autorisation.

– Je crois que cette fois tu vas pouvoir ramasser mon fauteuil roulant au garage, lui affirmai-je. Plus je me servirai de mes jambes, mieux je récupérerai !

En guise de confirmation, il m'accompagna jusqu'au tapis bleu. M'installa face à un mur garni de barres d'exercice horizontales. Je m'étais mis à genoux, comme en pénitence, les fessiers serrés et le dos droit. Il me demanda de m'essayer à une posture légèrement assise, en utilisant le poids de mon corps. En amorçant le mouvement, je crus que mes genoux n'allaient pas vouloir céder à l'infléchissement, qu'ils allaient même exploser comme éclatent des boules de Noël.

J'avais mal. Le dessus des cuisses me brûlait. Je restai bien dans cette position une demi-heure, le torse nu, ruisselant de sueur. En marmonnant entre mes dents une devise à laquelle Jacquou et moi avions communément souscrit. Un bon kiné se doit d'être un peu sadique ; un bon patient se doit d'être un peu masochiste !

Vers midi, je me relevais. Avec la sérénité d'un bouddhiste qui a fini sa prière. Je sentais mes genoux plus souples, ma hanche libérée. J'avais du mal à marcher. Je réussis néanmoins à regagner le réfectoire sur mes deux jambes. La droite restait instable et faible. Elle n'était plus portée par aucun de ses muscles. Elle n'en contrariait pas pour autant un déplacement en nette progression depuis mon opération.

Je m'étais mis à faire des plans sur la comète. A établir un programme séquentiel des opérations qu'il me restait à subir. Au printemps 1981, la main. A l'été, le coude droit. A l'automne, l'ostéome du coude gauche. Rééducation jusqu'en octobre ou novembre. Et après... à moi la vie ! Le calendrier me paraissait raisonnable. Mon imagination galopait sur ses supputations aventureuses. Il m'en vint une incontrôlable exaltation.

J'avais téléphoné à la maison pour annoncer l'excellente nouvelle. Je marchais non seulement sans béquilles mais surtout beaucoup mieux qu'auparavant.

J'étais allé faire part de ma joie à Gilbert, un copain électricien qui était entré à l'hôpital dans les premiers jours de l'année. Il avait eu un accident de voiture, lui aussi. Ça lui était arrivé un samedi soir, alors qu'il était en permission. Une funeste virée avec un copain d'armée qui s'était terminée dans le fossé. Il avait été le plus gravement atteint. Les dernières vertèbres de sa colonne vertébrale étaient réduites en miettes. Son compagnon de goguette ne lui avait jamais rendu visite. Ce qui laissait à penser qu'il avait sûrement quelque chose à se reprocher.

Toujours est-il que Gilbert, vu son pitoyable

état, avait toutes les chances maintenant de venir grossir le contingent des condamnés au fauteuil roulant électrique. Je ne voulais pas trop me réjouir devant lui. J'espérais simplement lui montrer qu'il ne fallait jamais perdre espoir. Même s'il paraissait évident qu'il resterait invalide à cent pour cent, paralysé à vie.

Moi je savais que, dans les états les plus critiques, la confiance et la volonté étaient les nerfs de la guerre. Ne devais-je pas ma récupération en grande partie à l'acharnement avec lequel je m'étais battu contre la fatalité ? Le chemin de mon impensable rétablissement n'avait-il pas été truffé d'obstacles ? J'avais la certitude maintenant qu'il ne serait plus bien long. A l'horizon de l'été 1981, je me voyais redevenir moi-même. A peu de choses près.

*****

Avec un tracé franchement ascendant, ma courbe de progression avait fière allure. Elle s'était ainsi dessinée au bénéfice d' une stratégie suivie d'objectifs à moyen terme.

Le mariage de mon frère Hervé, dans l'Aveyron, le 23 mai 1981, était devenu mon objectif prioritaire. Je pensais d'ici là recouvrer une grande partie de ma mobilité perdue. Un malheureux incident allait rabattre mes prétentions et réduire mes espérances à néant.

Un jour, Jacques Huet, m'avait laissé seul dans la grande salle de rééducation. Je m'étais installé comme au premier jour face à mon mur des lamentations, en position de contrition. Il n'était pas besoin de me stimuler pour faire mes exercices de gymnastique fonctionnelle. Le réentraînement à l'effort était devenu, au quotidien, mon unique raison de vivre. Je voulais récupérer le maximum de forces, le plus vite possible. Je me montrais de plus en plus résistant à la fatigue comme à la souffrance. Alors, de ma propre initiative, je m'étais mis à raccourcir les phases de repos et à augmenter les phases de travail musculaire et articulaire. La mécanique semblait tenir le rythme que je lui imposais. Chacun de mes mouvements s'accompagnait d'un râle poussif à la terminaison sifflante. Ce grognement m'aidait à encaisser la douleur. Je n'étais pas loin de pouvoir m'asseoir sur mes talons. Au terme de cette journée, vingt centimètres les séparaient seulement de mes fessiers. Il ne me restait à solliciter à mes genoux que 30 degrés de flexion. J'étais certain de pouvoir les obtenir avant le retour de Jacques Huet. J'étais rouge comme une pivoine. J'avais les cheveux collés par la transpiration. J'étais en passe d'y arriver lorsque des voix interrompirent mon effort. C'étaient mes deux sœurs. Elles avaient voulu me faire la surprise de leur visite. Une gentille attention et pourtant, à ce moment précis, je les avais maudites. Parce qu'elles avaient brutalement suspendu ma tentative, alors que je pensais toucher au but.

Elles n'avaient pas encore vu comment je marchais. Je leur avais demandé de me raccompagner à ma chambre. Je ne faisais pas d'autrc cffort que celui de bien coordonner mes pas lorsque, soudainement, une violente douleur dans le pied droit, pareille à un coup d'aiguille, me paralysa. Ma jambe, dans le même temps, se déroba. Mes sœurs se précipitèrent m'évitant la chute d'extrême justesse. Elles me proposèrent leurs épaules comme appui de secours. J'éprouvai toutes les peines du monde à regagner ma chambre qui se trouvait à moins de dix mètres de là.

Le soir, Jacques Huet, la tête basse et l'air miséricordieux, me rapporta mon fauteuil roulant afin que je puisse me rendre au réfectoire. Cet engin détestable, je devais le garder toute la semaine, y compris le week-end pour rentrer chez moi.

J'eus un mal fou à reprendre de vieilles habitudes que j'avais reléguées à la page des mauvais souvenirs. Mes parents redescendirent à ma demande un lit dans la salle à manger. La pénible histoire recommençait comme si l'autre, la merveilleuse, n'avait été qu'un conte de fée. Je m'en voulais terriblement d'avoir présumé de mes forces. Tout était ma faute.

Le lundi matin, j'eus tellement mal à la jambe que je demandai à passer une radio. Il n'y avait pas de signe extérieur de traumatisme. Ma cuisse et mon genou paraissaient normaux. Mon pied aussi. Il n'en restait pas moins que je pensais sérieusement m'être cassé quelque chose. J'eus énormément de difficultés à me hisser sur la table de radiographie pour prendre les clichés. Je ne fus pas plus capable d'en redescendre pour rejoindre mon fauteuil roulant. C'est sur un brancard d'ambulancier que je devais quitter le Service. Je craignais de m'être fracturé la hanche.

Ma mère avait repris sa mine de papier mâché. Elle était de nouveau inquiète. L'interne ne tarda pas à la rassurer. Les radios ne laissaient rien transparaître d'anormal. Ma hanche, fraîchement opérée, n'avait subi aucun dommage. La douleur ne pouvait être que la manifestation d'une profonde déchirure musculaire.

Le soir, je devais me lever et prendre mon fauteuil pour me rendre au réfectoire. Il fallait que je me plie à toute une série de manœuvres compliquées pour effectuer ce déplacement. Pour la première fois depuis quatorze mois passés dans le Service de rééducation fonctionnelle, je me laissai aller à une terrible colère. Je décidai de ne pas me lever tant la douleur me poursuivait sans répit. Et je n'avais pas daigné non plus toucher au plateau-repas qu'on m'avait apporté.

*****

Dans ma chambre, on m'avait fait cadeau d'un vieillard de 83 ans. Ce qui n'était pas pour me remonter le moral. Le jour, il passait son temps, immobile, à regarder par-dessus moi, vers la fenêtre. Il avait les yeux sinistrement vitreux, la bouche écumante, le nez déjà pincé par la mort toute proche. Il semblait toujours ailleurs. Sa présence ne me dérangeait pas plus que ça. Bien moins en tout cas que mes derniers compagnons de chambrée.

La nuit, j'entendais seulement sa respiration courte et haletante. Parfois, je me mettais à compter les secondes de complet silence. J'avais peur qu'il oublie d'inspirer de nouveau et de devoir dormir à côté d'un cadavre. Après quelques toussotements et raclements de gorge, la mécanique usée se remettait en route. J'avais aperçu sous le drap défait ses jambes décharnées et tremblotantes, ses fesses flasques et osseuses. Je m'étais dit que le pauvre était vraiment en bout de course. Alors que pour moi, après tout, la vie ne faisait que commencer.

*****

Le lendemain, je repris la rééducation. Sans sollicitation musculaire par mouvement. J'avais toujours mal mais je ne voulais plus en faire état. De crainte qu'on me laisse au repos trop longtemps.

Jacques Huet opta pour une courte séance d'électrothérapie. Une technique adjuvante idéale pour les paresseux. Il n'y avait rien à faire. Mon muscle endolori se contractait sans que, pour autant, la douleur fût plus aiguë. Je ne comprenais plus rien à cette mystérieuse déchirure. Ce n'est que deux jours plus tard que ma cuisse donna des signes apparents de réel problème. Elle avait considérablement enflé.

Je retournai passer une radio dans le grand bloc. Enfin, la vérité se fit jour. Mon fémur s'était cassé de nouveau. A l'endroit exact du trou de vis laissé par le scellement de ma plaque. Je supposai qu'au début il n'avait été que fêlé. C'était à mon sens la raison pour laquelle on n'avait rien découvert. Ma cuisse droite qui, depuis mon accident, avait toujours été la plus menue s'était métamorphosée. Elle avait doublé de volume.

Une ambulance m'emmena à l'Hôtel-Dieu, au service Saint-Yves, pour y subir ma neuvième opération. Là, j'eus la chance de tomber dans la chambre d'un homme fort sympathique. Il m'accueillit avec un sourire affable, se montra d'abord discret puis entreprit de faire connaissance avec mesure.

Je n'aimais pas particulièrement raconter ma vie. Mais avec lui, je me sentais en confiance. Dans ses yeux, brillaient une sensibilité et une intelligence que j'avais rarement rencontrée. Il écouta de bonne grâce mes malheurs. Sans jamais essayer de faire de rapprochement déplacé, ce qui d'ordinaire était le cas. Parfois même, il avait le regard dans le vague. Il prenait un air détaché, absent qui me faisait penser que je l'ennuyais. Je compris par la suite que cette expression, chez lui, correspondait à un état naturel. Il était souvent dans la lune. Comme me l'avait confirmée d'ailleurs son histoire…

Il avait pris une bretelle d'autoroute à contre sens. Il s'en était tiré avec des fractures nombreuses mais sans gravité. Une Mercedes contre un camion vaut mieux qu'une Renault 5 contre un tracteur. C'était la seule comparaison qu'il s'était autorisée. Le résultat était là pour lui donner mille fois raison.

Je passai quatre jours en sa compagnie, la jambe dans une gouttière, avant de passer sur le billard. L'intervention consistait à faire une entaille d'une quinzaine de centimètres au niveau de la tête du fémur droit. Et de glisser un tube appelé « clou fémoral » dans la partie centrale de l'os. Pas un clou de tapissier ! Une tige de métal, d'un diamètre de treize millimètres et d'une longueur de quarante-deux centimètres. Elle devait permettre une mobilisation complète jusqu'à ma hanche. En outre, une broche au niveau du genou s'avérait nécessaire pour tendre au maximum le fémur.

Il avait fallu plus de quatre heures au chirurgien pour enfoncer le clou dans ce fémur. Un fémur à histoires, sur lequel on ne comptabilisait plus les fractures.

*Chapitre XIII*

# *UN PAS EN AVANT, DEUX PAS EN ARRIÈRE*

Mes plans se liquéfiaient en une nauséabonde eau de boudin. J'en reprenais pour trois mois. J'avais l'impression de purger une peine alternée. Je me demandais si ma liberté serait ainsi à jamais conditionnelle. Trois mois avant de pouvoir reposer le pied par terre. Trois mois à attendre que je refasse un de ces cals osseux qu'on s'acharnait par ailleurs, depuis si longtemps, à faire disparaître. Tout cela ressemblait à une farce de mauvais goût. J'avais du mal à l'avaler.

Tout me paraissait traîner en longueur à plaisir. Les jours faisaient du goutte à goutte. Je ne disposais que d'une toute petite chambre où un lit, une armoire et un lavabo d'angle se disputaient l'espace. Le plus souvent, je gardais les yeux clos pour que mon regard ne se promène pas indéfiniment de l'un à l'autre, comme celui d'un fou.

J'eus la visite de Françoise, la sœur de Babette. Elle arriva dans ma cellule comme un éblouissant rayon de soleil. Je ne me rappelais pas qu'elle était aussi jolie. Je sentis monter en moi un irrésistible désir qui me portait vers elle. Des souvenirs me traversaient la tête. Des idées aussi ! J'eus envie de la serrer dans mes bras, de l'embrasser, de lui faire l'amour. La dernière fois remontait à… si longtemps ! Mes sens se réveillaient violemment. J'étais pris dans une turbulence de sensations qui me prenaient d'assaut. Il fallait que je lui dise, que je lui demande. Elle déclina mon offre audacieuse et me laissa, sur le champ, à mon tourment ravageur. Le lendemain, Babette débarqua dans ma chambre comme une furibonde.

Pour la première fois depuis qu'on se connaissait, on venait de se quitter fâchés. Ce coup de semonce avait résonné comme une séparation en bonne et due forme. Car, jusqu'alors, elle n'avait jamais été officialisée. Seulement prononcée par un mariage qui, lui, avait été tenu secret. Peut-être même ne savait-elle pas que j'étais au courant.

Mon moral, un peu plus tôt excellent tant ma progression se faisait constante, était tombé au plus bas. Je me sentais envahi tout entier par un indicible malaise. Un état mélancolique auquel je m'abandonnais et qui me faisait dépérir. Je voyais tout en noir dans le présent et dans l'avenir. Je m'étais retranché dans un état d'isolement farouche. Les larmes coulaient de mes yeux sans que je m'en rendisse compte. Comme une purge naturelle qui ne fait même pas mal.

J'étais assailli par les scrupules. J'avais trop cru en moi. J'avais trop forcé. Tel était le résultat de mon excès de volonté. Et je ne m'étais pas seulement détruit moi-même. J'entraînais tout le monde autour de moi dans ce malheur sans fin. J'étais impuissant à écarter de mon esprit ces sombres pensées. Je refusais les mains tendues qui voulaient m'arracher à cette solitude.

J'aurais tant voulu rester au centre de rééducation fonctionnelle de l'hôpital Pontchaillou. C'eût été une forme de remerciement que de laisser toutes ces personnes si dévouées à ma cause continuer à m'aider dans mon combat. Elles se sentaient encore investies de cette mission. Comme si leur travail n'était pas achevé. Mais je ne pouvais pas. Il était devenu au-delà de mes forces de rester là plus longtemps. Au risque de ne plus pouvoir endiguer cette chute libre vers la dépression. Tant pis pour ces gens ! Je les laisserais à leur sentiment de frustration. Ils devaient en avoir l'habitude.

J'avais demandé mon transfert dans un autre établissement. Je savais que notre entraîneur de football, Philippe Le Tual, était interne du centre, dans le Service de rééducation de Rennes Beaulieu. Je m'expatrierais là-bas. Depuis longtemps, il m'avait proposé de m'y accueillir. J'avais toujours refusé. Par reconnaissance et fidélité à tous ceux qui m'avaient aidé au-delà de ce que leur fonction réclamait d'eux. Malheureusement, Philippe m'avait confié à un autre médecin.

*****

Le 18 mars 1981, je fus transporté au Centre de rééducation. Je pensais à ce troisième été qui approchait. Au regard de mon état, il me donnait l'impression de n'être que le deuxième. Je venais pourtant de passer vingt mois dans le milieu hospitalier. Vingt mois pour en arriver là. Il fallait que je réussisse à les oublier. Curieuse contradiction pour un esprit dont le sérieux traumatisme avait longtemps affecté la mémoire !

Mon nouveau Centre de rééducation était relativement neuf. Sa construction datait de 1972. Il était en bon état. La partie proprement consacrée aux soins rééducatifs se trouvait au rez-de-chaussée et les chambres, très spacieuses, à l'étage.

Dès mon arrivée, je demandai une petite faveur à la Direction. Arriver le lundi à 9H au lieu de 8H30. Les ouvriers de l'entreprise démarrant leur semaine à 8H, il était impossible à mon père de m'accompagner à l'hôpital dans la demi-heure suivante.

Le directeur trancha en me contraignant à réintégrer son Service dès le dimanche soir. Quelle souplesse ! C'est donc en taxi que chaque lundi je me rendis au Centre de Rennes Beaulieu. Au diable le déficit de la sécu ! Ce ne devait pas être mon seul démêlé avec cet homme rude dont on ne pouvait pas dire que sa qualité première fût la compréhension. Je lui prêtais plus un rôle de surveillant général, il est vrai, que celui d'un réel gestionnaire. Il passait son temps à réprimander de jeunes adolescents chahuteurs dont la seule aire de jeu se cantonnait au couloir.

Mon plus sérieux accrochage se produisit à l'occasion du mariage de mon frère dans l'Aveyron. J'avais demandé au directeur de bien vouloir me libérer une semaine, du jeudi précédent la cérémonie au jeudi de l'Assomption. Mais, à ma plus grande stupéfaction, j'essuyais un refus. En raison de ma récente admission, j'étais considéré comme un malade « court-séjour » et, par conséquent, non autorisé à m'absenter une semaine de l'établissement.

Ma conviction était qu'il avait pris un malin plaisir à m'opposer cette interdiction formelle. Dans cette décision ridiculement arbitraire, je ne voyais pas autre chose qu'un abus de pouvoir. Il appelait à la révolte.

J'eus énormément de difficultés à me faire à ce nouveau Centre dont la vocation, me semblait-il parfois, était plus portée vers le médico-pédagogique que la rééducation fonctionnelle. Je regrettais Jacques Huet. Il fallait néanmoins que j'assume mon choix. D'autant que ces différends successifs avaient fait jaillir en moi une nouvelle force intérieure. Un sentiment tombé aux oubliettes depuis ma dernière opération. Je retrouvais l'esprit de lutteur qui m'avait conduit si loin dans ma conquête de l'autonomie.

En moins de trois mois, j'allais passer entre les mains de sept kinésithérapeutes différents. Chronologiquement, André, Maryse, Soizic, Danièle,

Elizabeth, Hubert et Camille. Une valse à sept temps qui m'avait fait du bien à la jambe… et au moral.

*****

L'infirmité de ma main me préoccupait. Ou plutôt m'exaspérait. Je pourchassais l'avis des médecins avec cette histoire. Les réponses convergeaient toutes vers la morosité. Inopérable, impossible, dangereux, inutile, irréalisable… Il fallait nécessairement attendre que l'extrémité de mes doigts se décolle et se maintienne en position ouverte.

Le leitmotiv de l'échec assuré me fatiguait. Je ne voulais pas y croire. Il était une seule personne de laquelle je me sentais prêt à accepter le jugement sans le remettre en question. C'était le docteur Marquer, mon chirurgien. J'avais toute confiance en lui. J'avais essayé de le joindre plusieurs fois pour tirer au clair une bonne fois pour toutes cette affaire.

Lorsque j'avais réussi à l'avoir au téléphone, mon cœur s'était emballé. Lui, qu'allait-il me répondre ? Il était le mieux informé sur l'état de ma main droite et le plus compétent pour décider de son sort. Sans aucune intervention, il savait bien que ma main était foutue. Les petits cônes dans le creux de la main, ça ne suffirait jamais. C'était tout juste bon à me faire gagner un concours de grimaces.

Il m'avait rassuré. L'intervention, il me l'avait confirmée. Au début du mois de juin. Il ne m'avait pas promis la lune. Juste une amélioration, légère. Et puis, il y en aurait une deuxième, m'avait-il appris. A la mi-juin. Pour libérer les tendons extenseurs.

J'étais content. J'avais fait le plein de nouvelles. Plutôt bonnes. Alors, qu'ici, personne n'avait été capable de me renseigner. Contre l'avis du directeur du Centre de Rennes Beaulieu, je décidai d'aller dans l'Aveyron, au mariage de mon frère Hervé. Au diable ce rond de cuir et ses formules toutes faites ! Au diable l'administration !

On m'avait prévenu que je ne serais plus admis ici. Définitivement radié. Je laissais volontiers ma place à d'autres agneaux, plus disposés à céder devant la dictature de principe.

*****

Ça m'avait fait une drôle d'impression de me retrouver de nouveau à l'air libre, comme s'il n'avait jamais été question d'histoires d'hôpital dans ma vie. Même si mon fauteuil roulant était sous mes fesses pour me rappeler qu'il faudrait y retourner. Je n'avais pas le droit au moindre appui sur la jambe droite. Je ne marchais pas mais je n'avais pas manqué l'événement.

C'était un beau cortège nuptial. Mon frère et son épouse tirés à quatre épingles. Des monceaux de fleurs, des confettis, des serpentins, des clameurs, des rires, des visages radieux, des larmes de joie... Et moi au milieu de toute cette liesse, noyé un bon mètre au-dessous des autres, le nez au niveau de la ceinture. Je suivais bon gré mal gré quand quelqu'un voulait bien pousser mon fauteuil. La réception qui avait suivi la cérémonie religieuse était somptueuse. Tout le monde semblait épanoui. Moi, j'étais triste. J'aimais la fête et je ne pouvais y participer que d'une demi-hauteur. J'adorais danser et j'étais vissé à mon engin de malheur. A défaut, je m'étais vengé sur la nourriture jusqu'à ce qu'elle provoque chez moi une profonde répugnance.

Mes parents profitèrent de la journée de l'Ascension pour rouler et rentrer à la maison. J'avais ramené ma tristesse avec moi. Elle ne me lâchait plus. Je me disais que le bonheur serait toujours pour les autres. Derrière moi flottait le voile blanc du mariage. Devant le voile noir de mes lugubres pensées.

*****

Je restai cloîtré à la maison jusqu'au jour de mon hospitalisation, le 2 juin 1981, où j'étais admis au Service Saint-François de l'hôtel-Dieu. C'était la première fois que je ne grommelais pas ma rancœur à son endroit. Il y avait eu visiblement un grand nettoyage de printemps. Je ne reconnaissais pas la moitié du personnel. Toutes les têtes inconnues m'adressèrent un petit sourire ou un geste de bienvenue. Comme si j'avais été une vieille connaissance qu'on a plaisir à revoir. Finalement, c'était vrai, tous ces gens faisaient plus figure de nouveaux, ici, que moi.

L'ambiance avait indiscutablement changé. On n'entendait plus les femmes de service crier et se renvoyer perpétuellement la faute. Seulement pour un lit mal fait ou une cuvette de lavabo mal nettoyée. Non, à la suite de ce grand chambardement, les couloirs avaient gagné en sérénité et en gaieté.

Le lendemain de mon entrée à l'Hôtel-Dieu, le docteur Marquer entreprit ma dixième opération. Elle réclamait patience et méticulosité. Il s'agissait de réparer les mécanismes détraqués de ma main droite. Un véritable travail d'orfèvre, à réaliser simultanément sur le pouce, le majeur, l'annulaire et l'auriculaire.

A mon réveil, ma main était méconnaissable. Pareille à une sorte de coussinet dodu ; au tissu râpé, bleui et reprisé de tous côtés. En détaillant l'ouvrage, je comptabilisais près de vingt-cinq centimètres de petites cicatrices éparses, quarante-cinq points de suture et six cordes à piano qui faisaient office de broches. Elles devaient maintenir mes phalanges en rectitude jusqu'à ce qu'elles accomplissent, dans l'ombre, leur long labeur de calcification. L'intervention avait permis de récupérer une flexion de mes articulations à 90 degrés et surtout une extension en position de fonction de la main.

*****

J'aurais été bien incapable de dire exactement d'où provenait cette douleur lancinante qui m'arrivait par vagues successives. Je ne sentais plus vraiment ma main. Elle était très impressionnante par son volume. Aussi grotesque qu'un petit chou rouge piqué d'aiguilles. C'était un curieux attirail que ces cordeaux de métal torsadé qui pointaient à l'extrémité de mes doigts. Il me fallait redoubler de prudence pour éviter tout geste malheureux. Sensible et fragile, ma main ne devait pas souffrir le moindre télescopage. Le seul contact du drap me faisait bondir. Dans mon sommeil, je craignais de l'embrocher ou de m'y empêtrer. J'allais rester plus d'un mois et demi sur le qui-vive avec ce hérisson tuméfié au bout du bras.

*****

Le 15 juin 1981, j'abordai la deuxième phase. Ma onzième opération. Sans la moindre appréhension, comme la plus banale des formalités. Il naissait même chez moi maintenant une certaine forme d'excitation à la pensée que chaque nouvelle intervention était une pierre de plus à l'édifice. Celui de mon physique et de mon indépendance retrouvés.

L'opération, du nom chantant de Page-Scaglietti, devait désinsérer l'ensemble des muscles logés dans l'avant-bras ; libérer tous les tendons et les rallonger afin de permettre à mes doigts de s'ouvrir. J'avais été ouvert sur trente centimètres et vingt-deux points de suture refermaient l'estafilade.

On m'avait annoncé deux opérations. Le chirurgien me fit la faveur d'une troisième. En prime. Ma douzième au total.

Le 24 juin 1981, il me faisait redescendre au bloc pour pratiquer une mobilisation sous anesthésie des doigts et de la main. Ce qui lui avait donné l'occasion de vérifier le maintien des amplitudes obtenues. L'examen s'était révélé satisfaisant.

Après ces trois semaines ponctuées d'une activité chirurgicale intensive sur mon sujet, il ne me restait qu'à me préparer rapidement à un effort rééducatif de galérien.

Le docteur Marquer. avait demandé à ce que l'on me confectionne deux orthèses, sortes d'attelles de correction active. Une d'extension des doigts et une de flexion qu'il m'était conseillé de porter alternativement la nuit.

Le docteur Marquer insista personnellement auprès du responsable du Centre de Rennes Beaulieu pour que je sois réadmis dans son unité de rééducation.

Dès la fin du mois de juin, j'y pris mes quartiers au titre de pensionnaire interne. Je m'attendais à tout sauf à une partie de rigolade. Le directeur avait vu mon retour dans son Service d'un très mauvais œil. C'est bien à contrecœur qu'il m'avait accepté. Et il ne s'était pas privé de me le faire savoir.

Pour lui, je n'étais pas autre chose qu'un patient à risques. Un fugueur en puissance. Dès mon arrivée, il s'entoura de toutes les précautions. D'abord, il m'inocula un long discours moralisateur à la louange de la vie communautaire. Ensuite, il m'invita à prendre attentivement connaissance du règlement intérieur.

Il me le fit transmettre dans ma chambre par l'infirmière en chef. Elle me pria de le signer et, à l'avenir, de m'y conformer à la lettre. C'était croire au père Noël que de me faire entériner, les yeux fermés, un tel document administratif. C'était oublier que la docilité n'était pas le propre de mon caractère.

Je voulais que la Direction, elle aussi, se rende compte que je pouvais être pointilleux. Plus royaliste que le roi. En marge, j'avais inscrit des commentaires contresignés comme autant de clauses suspensives.

Article 3 : le tabac. L'interdiction de fumer n'étant respectée nulle part, je rappelais que la fumée de cigarette pouvait être très préjudiciable à mon état de santé. Je mentionnais, pour mémoire, mes cinq pleurésies et ma pneumopathie d'inhalation.

Article 5 : la télévision. J'indiquais que l'interdiction de la regarder au-delà de 22H30 n'avait aucun sens, au regard du bruit ambiant toléré tardivement.

Article 7 : Extinction des feux. Je signalais que le fait de disposer d'une chambre individuelle rendait cette obligation caduque.

Article 10... Par le biais de ces quelques observations de simple bon sens, le règlement s'en trouvait profondément révisé. Ainsi scolairement annoté, je l'avais retourné à la Direction en empruntant le même chemin qu'il avait su prendre pour venir à moi.

Je trouvais pour le moins ridicule que l'on s'évertue à épier faits et gestes d'adultes responsables. A me contraindre à une discipline de fer. A 28 ans, alors que j'étais frappé par le destin, était-il raisonnable que l'on se comporte de la sorte avec moi ? Comme avec un potache turbulent et désobéissant. J'étais déjà prisonnier de mes handicaps et l'on voulait encore ajouter d'autres barreaux à ma vie.

*****

Six mois s'étaient écoulés depuis la fracture de mon fémur droit. La guérison de ma jambe prenait un temps infini. Le cal osseux tardait à se faire. Tout appui de ce côté m'était toujours interdit. D'ordinaire, le délai normal pour se remettre d'un tel traumatisme est environ deux fois moins long. Pour moi, le temps de consolidation s'éternisait en raison des dégâts en profondeur occasionnés par les fractures à répétition. J'en étais à la neuvième. Ce qui compliquait particulièrement le tableau clinique de ma jambe.

A l'examen, le docteur Marquer avait limité la reprise de ma rééducation à la piscine. Il avait demandé à faire pratiquer de nouveaux clichés avant de se prononcer sur les suites thérapeutiques à envisager. A cette époque, j'étais entre les mains d'une stagiaire kinésithérapeute. Danièle, l'apprentie sorcière n'eut pas trop de soucis à se faire. L'heure des exercices acrobatiques n'était pas encore arrivée.

Quoi de plus rageant que de rester ainsi au

point mort. Il restait tant de boulot à faire. J'étais loin d'être au bout de mes peines.

Le kinésithérapeute suivant fut encore une femme. Elisabeth. Elle avait tout du majordome. Sans délicatesse, froide, directive. Elle n'avait, semblait-il, jamais appris à sourire. Le premier jour, elle me demanda de respirer. Encore et encore. Une série d'exercices thoraciques et abdominaux pour mettre en évidence les aspects du contrôle de soi. Lent, rapide. Faible, fort. Tout cela, je m'y étais entraîné il y a bien longtemps. J'avais eu l'occasion de prendre conscience de l'importance de la respiration dans l'effort. Celle-ci avait été déjà largement éduquée. Elle ne voulait pas en convenir. Elle persistait à me faire travailler à vide.

Le lendemain, sans même me dire bonjour, elle me demanda de reprendre les exercices de la veille. Sur l'instant, je me rendis compte à quel point cette femme m'était antipathique et ne le lui cachais pas :

– Je souhaiterais vous dire quelque chose... Vous avez vu mon état. La rééducation, il y en a pour un sacré paquet de jours. Sûrement des mois. Et je ne suis pas prêt à en tirer les bénéfices. Alors, tant qu'à faire, j'aimerais vraiment passer tout ce temps avec quelqu'un d'agréable. Je regrette d'avoir à vous le dire. Mais je voudrais changer de kiné...

Elle s'effaça pour laisser la place à un homme plus conciliant. Hubert. Pour son malheur, il tomba sur un cheval qui ne l'était pas. Blessé, il dut être relevé après huit jours d'une collaboration pourtant bien partie. Camille, le suivant, était un homme direct et sympa, avec de belles bacchantes. Un passionné de bowling. Un joyeux drille. Blagueur mais très sérieux et compétent dans son travail. D'entrée, il s'imagina avoir affaire à un client difficile. Il n'était pas sans savoir qu'il était le septième kinésithérapeute que j'écumais. Il apprit à me connaître. Sans affinités particulières au début, nous nous trouvâmes des goûts en commun. Nos relations y gagnèrent en simplicité et en cordialité.

J'avais de plus en plus de mal à supporter ce centre de rééducation dépassé et son régime archaïque de surveillance policière. Je ressentais l'air suranné du pensionnat de mon enfance. Je voulais à tout prix revenir en soins externes.

J'obtenais gain de cause à partir du 17 juillet 1981. Dès lors, je ne passai plus que mes après-midi au Centre de Rennes Beaulieu. Le matin, je restais à la maison, j'enregistrais des cassettes de magnétophone sur ma chaine HI-FI.

*****

J'avais toujours mes broches aux doigts. Le 21 juillet 1981, on me les retira à la vulgaire pince-monseigneur. Elles n'étaient pas très solidement fixées à l'os. La présence d'une matière aqueuse facilita leur extraction. Ce jour-là, je fis l'impasse sur la rééducation. Mon bras était énorme, cloqué, cramoisi et très endolori. Mou comme un fruit trop mûr. Au toucher, je devinais dans mes chairs labourées une masse fluctuante et malléable. Elle m'inquiétait. D'autant que le mois d'août approchait et qu'il était convenu que je le passe au bord de la mer, à Dinard. Mes premières vacances depuis une éternité ! L'été 78.

Je pris un rendez-vous en consultation externe huit jours plus tard, à l'hôpital. L'auscultation fut expédiée. On ne décela absolument rien d'anormal. Je persistais à croire que la douleur croissante signalait une anomalie. J'appelai mon médecin traitant, le docteur Roussel. Lui, n'avait rien d'un fonctionnaire. Il savait toujours se montrer disponible. Il contrôla ma température. Le thermomètre indiquait 39 degrés. Cet accès de fièvre faisait craindre une infection cachée. N'avais-je pas déjà rencontré ce cas de figure par le passé ?

Il fut tiré au clair dès le lendemain matin. Je retournai à jeun à l'Hôtel-Dieu. Je ne fus pas du tout rassuré en apprenant que le docteur Marquer avait pris ses congés d'été. Un autre chirurgien se présenta à moi pour me tenir informé des modalités de ma treizième intervention.

Il ouvrit ma cicatrice en un point seulement par lequel il draina plus d'un demi-litre de liquide purulent ! La cause devait être de nouveau imputée à une histoire de fils mal résorbés. Je restai la nuit à l'hôpital avant de partir, le lendemain, pour Dinard.

J'avais eu très peur de manquer ce rendez-vous estival que j'attendais depuis longtemps. C'était pour moi une vraie récompense. N'avais-je pas consenti, ces derniers temps, à une patience d'ange ?

Je quittai la ville pour le bord de mer avec mon dossier sous le bras. Rien de très confidentiel. Seulement une pile de compte-rendus chirurgicaux et de radiographies. Ils faisaient que mon corps, disséqué, observé, analysé, n'avait plus de secret pour personne. Je remis les documents, accompagnés d'une prescription médicale de Rennes Beaulieu, au kinésithérapeute qui devait me suivre. Je le voyais chaque après-midi, trois heures durant. Son choix ne fut pas bien difficile. Sur la côte, il n'y en avait qu'un qui avait la possibilité d'utiliser une piscine à des fins professionnelles. C'était celui du Centre de thalassothérapie de Saint-Malo.

Tous les jours, je me rendais chez lui équipé d'un gant de vétérinaire pour protéger mon bras de l'eau. J'avais enfin le droit à un appui partiel sur ma jambe droite. Mon fauteuil roulant m'était néanmoins indispensable dès qu'il s'agissait de me déplacer sur plus de cent mètres.

*****

J'avais toujours à l'avant-bras le peu élégant ravaudage de ma dernière intervention. Il continuait de me faire mal. Son aspect n'évoluait guère favorablement. Ma balafre était devenue bourgeonnante, truffée de gros points noirs dont certains éclataient d'eux-mêmes. Un médecin de Dinard me conseilla de faire des cataplasmes alternés d'antifluogistine et d'alcool et, surtout, de retourner d'urgence à l'Hôtel-Dieu.

Le 12 août 1981, je partis pour l'hôpital, à jeun. Je n'excluais pas la possibilité de me refaire opérer dès mon arrivée.

Un chirurgien que je ne connaissais pas m'examina, le docteur Charles Attant. Il me demanda simplement de poursuivre le traitement qui m'avait été prescrit. Un déplacement de cent cinquante kilomètres pour pratiquement rien.

Je ne regrettais pas cependant cet aller-retour express. Il avait permis de lever toute inquiétude. Mon bras était toujours boursouflé. Mais les paroles rassérénantes du chirurgien avaient suffi à me le faire voir moins amoché qu'il ne l'était.

Son état ne s'en dégradait pas moins de jour en jour. Ma mère en avait avisé une amie infirmière qu'elle retrouvait souvent à la plage. Son mari était médecin. Il accepta de se pencher sur mon cas. Il lui parut invraisemblable que le chirurgien de l'Hôtel-Dieu ne me fît pas faire un examen plus sérieux. Il m'invita à reprendre conseil auprès de la maison médicale. le médecin que j'avais consulté fut surpris de me revoir.

– Vous n'êtes pas allé à l'hôpital ?

– Si, juste après vous avoir consulté. Enfin, dès le lendemain matin.

– Que vous a-t-on dit ?

– De poursuivre votre traitement.

– C'est tout ? Qui avez-vous vu ?

– Un chirurgien que je ne connaissais pas, le Docteur Charles Attant.

– Quelle bande de... Vous savez, si je vous ai envoyé à l'Hôtel-Dieu, c'est juste pour ménager la susceptibilité des médecins qui vous suivent habituellement. Autrement, je vous aurais recommandé à un chirurgien de Dinard.

Selon lui, un bras aussi gonflé et abîmé ne pouvait révéler qu'une bizarrerie inquiétante.

Le chirurgien qu'il avait évoqué m'ausculta. Il me fit passer une radio. Il émettait l'hypothèse d'un rejet d'une plaque quelconque. Mais je n'avais aucun corps étranger dans l'avant-bras.

Le 14 août 1981, au soir, il me fit entrer en salle d'opération. Pour cette quatorzième opération, il me plaça une espèce de lame dans le coude qui traversait l'articulation de part en part. La pièce de drainage permit d'évacuer presque un litre d'un sale exsudat.

Je restai dans cet établissement jusqu'au 18 août 1981. La maison n'était distante de la clinique que de quelque trois cents mètres. Chaque jour, je retournais dans cette dernière pour faire changer mon pansement.

Six jours après ma sortie, le pus cessa de s'écouler par la lame. On me l'ôta pour la remplacer par des mèches. La plaie était conséquente. Elle mit un temps fou à se refermer.

*****

Les meilleures choses ayant toujours une fin, mes vacances s'achevèrent le 31 août 1981. De drôles de vacances. Pour le moins mouvementées. On pouvait même dire stressantes. Mon bras m'avait joué un vilain tour. J'avais passé mon temps à traquer ce qu'il restait de plus compétent et de plus consciencieux sur le marché médical de l'été.

Je m'étais fait opérer contre toute attente. J'avais travaillé d'arrache-pied avec mon kiné pour tonifier mes articulations. Pour le reste, j'avais passé tous mes après-midi à la plage. Crispé pour me déplacer, avec d'inséparables paires d'épaules de chaque côté. Tendu au repos pour éviter à ma plaie du coude toute infiltration de sable. Mais des vacances tout de même ! Loin de mes hôpitaux habituels.

De retour à la maison, une infirmière vint chaque soir désinfecter mon coude, changer les mèches, refaire le pansement. Des soins à domicile qui se prolongèrent jusqu'à la mi-octobre. Tous les jours, je continuais ma rééducation au Centre de Rennes Beaulieu.

Je retrouvai Camille. La reprise des séances consista à me mettre en posture de hanche et à mobiliser tous les doigts de ma main droite. Il m'avait donné des balles en mousse de densités différentes qu'il fallait que je serre au creux de ma paume. Le jour qui allait me voir tirer à pleines mains sur une corde était encore loin. J'avais une préhension saccadée, hésitante et encore aucune force dans la main droite. En ergothérapie, on m'avait fait confectionner une attelle en Polysar, un plastique rigide. J'éprouvai beaucoup de difficultés à la mettre. Elle n'était pas pratique du tout.

Vers la mi-septembre 1981, je repris la piscine. Je protégeais toujours mon bras avec un gant de vétérinaire. Je faisais surtout attention à le maintenir hors de l'eau. Immergé jusqu'à la poitrine, je commençais à pouvoir appuyer sur ma jambe.

Après tous les ennuis que j'avais connus à l'Hôtel-Dieu, il m'était pénible de penser que j'allais devoir y remettre les pieds. Mon coude gauche, bloqué à 90 degrés par un ostéome, avait besoin lui aussi des bienfaits réparateurs de la chirurgie. Le docteur Fouché, celui qui m'avait opéré le jour de mon accident, avait quitté le C.H.U. pour ouvrir une polyclinique dans la proche banlieue de Rennes. J'envoyai une lettre recommandée à l'Hôtel-Dieu pour obtenir mon dossier médical et je leur tirai ma révérence.

Toutes les interventions qu'il me restait à subir pour me remettre d'aplomb allaient être confiées au docteur Fouché. Il ne fut pas insensible à la marque de confiance que je lui témoignais ainsi. Ce coude gauche portait à quinze le nombre de mes opérations. Elle se déroula le 15 octobre 1981.

A l'occasion de cette grande première, on m'avait prévenu qu'il me faudrait partager ma chambre avec un autre pensionnaire. J'assurais n'y voir aucun inconvénient. Ce n'était pas dans mes habitudes de dire des choses que je ne pensais pas. Sans doute avais-je le souci de montrer que j'étais dans de bonnes dispositions. En vérité, cette perspective m'ennuyait. Sur les innombrables voisins de lit que j'avais eus, un seul ne m'avait pas incommodé.

Quelle ne fut pas ma surprise de découvrir que le suivant n'était autre que mon cousin germain. Dominique. Il était là pour se faire opérer d'un ménisque, le lendemain de ma propre intervention. On aurait dit mon frère. On avait beaucoup de points en commun. Et en particulier le goût de la fête. Ensemble, à n'en pas douter, le temps passerait plus vite.

La chambre que nous partagions était agréable, spacieuse et ensoleillée. Pas un de ces boxes, comme dans certains hôpitaux publics, où l'on vous colle avec n'importe qui. Au moins là, le patient jouissait d'une véritable considération. Nous eûmes tous les deux quelques franches parties de rigolade. Comme notre ressemblance était assez frappante, on avait pris l'habitude de se faire passer l'un pour l'autre. Ce qui nous valut des situations cocasses, des quiproquos dignes d'émissions télévisées. Je quittai la polyclinique le 18 octobre 1981. Pour fêter mon départ, j'avais demandé à ma mère de m'apporter une bouteille de champagne. Raisonnables pour une fois, Dominique et moi décidâmes de convier quelques membres du personnel de l'étage à cette petite cérémonie d'adieu.

*****

Le docteur Fouché m'assura que ma jambe était définitivement hors de danger. Avec mon clou au fémur, il était impossible qu'il se recasse. Désormais, l'appui m'était même fortement recommandé pour renforcer mon cal osseux. Ainsi m'était-il conseillé de marcher. Ça m'avait fait l'effet d'une bombe. Pour la petite histoire, je sus que Hitler n'était pas étranger à cette technique de réduction de fracture. Elle était plus exactement l'un des résultats de l'esprit d'infaillibilité qu'il avait inculqué à ses troupes. Pour ce qui est de la découverte proprement dite, on la devait à un chirurgien de l'ordre nouveau, pendant la seconde guerre mondiale.

Il avait imaginé cet enclouage en réponse à l'hécatombe des jambes cassées parmi les soldats du front. Alors que l'équilibre des forces se renversait au profit des alliés, ce traumatisme réclamait un temps d'immobilisation trop long. Il mettait en péril le nombre des effectifs disponibles. Il avait fallu trouver une solution radicale et durable pour que ces soldats retournent au combat. Ainsi était né le clou fémoral ! Un peu honteusement, je me pris à consentir un brin de reconnaissance au dictateur fou.

J'avais du mal à me mettre dans la tête qu'il fallait que j'appuie sur ma jambe. La peur qu'elle se brise comme un morceau de bois sec ne voulait pas me lâcher. Je faisais attention depuis si longtemps. Mon propre poids devait contribuer naturellement au rapprochement des os. Ça me paraissait miraculeux. Presque trop ! Devant mon appréhension manifeste, le docteur Fouché m'avait demandé de lui faire confiance. Les complications que j'avais connues avaient fait de moi un homme un peu timoré. Remarcher n'était-il pas pourtant ce qui m'avait toujours tenu le plus à cœur ? Il ne voulut pas insister ou précipiter les choses. Il me rappela seulement que, désormais, j'étais comme tout le monde. Avec deux jambes dont je pouvais me servir. Changeant son fusil d'épaules, il examina ma main. Il se mit à rire tant il trouva bizarre l'attelle qu'on m'avait fabriquée. Comme moi, il jugea qu'elle n'était pas très facile d'utilisation. Il ne comprenait pas pourquoi elle avait été confectionnée en Polysar plutôt qu'en Verplex, un matériau plus souple à travailler. Il s'insurgea contre les ergothérapeutes du Centre de Rennes Beaulieu qui s'étaient montrés incapables de réaliser un matériel plus léger et un moulage plus conforme aux besoins de ma main.

*****

Je n'avais tenu personne informé de la nouvelle

qu'on m'avait annoncée. J'avais trop peur qu'il m'arrive encore quelque chose. Je ne voulais pas que mes parents soient de nouveau victimes d'une fausse joie.

Dès l'après-midi, je me décidai à mettre en application les recommandations du docteur Fouché. Appuyer sur ma jambe. J'allai à un match de football. En spectateur, bien-sûr. Avec mes béquilles.

Et, aussitôt de retour à la maison, je m'exerçai en secret à me lever d'une chaise et m'obligeai à enchaîner quelques pas le plus naturellement possible.

Trois jours plus tard, alors que ma mère était en train de tricoter, je m'étais approché d'elle en fauteuil roulant avec une mine déconfite.

– Que t'arrive-t-il, Yves, s'était-elle aussitôt inquiétée.

– Tu sais, au centre de Rennes Beaulieu, ils se préparent à me faire encore une vacherie.

– Mais qu'est-ce qu'ils vont te faire ?

– Avant la fin de la semaine, ils veulent reprendre mon fauteuil.

– Écoute, ils ont dû se tromper. Ils savent très bien que tu en as besoin pour te déplacer. Nous allons leur dire…

Elle n'avait pas terminé sa phrase que, déjà, je me mettais à marcher fièrement dans la salle à manger. Elle avait les larmes aux yeux. Comme moi, ça lui paraissait impossible.

– Yves, c'est vrai, tu as le droit de marcher ? Assieds-toi. Assieds-toi, je t'en prie, tu vas te faire mal !

*****

Le lendemain, je rendis visite au docteur Roussel, mon médecin traitant. Il devait m'ôter quelques fils. Je refis une démonstration devant lui. Il me serra dans ses bras comme si j'avais été son propre fils. Son émotion me toucha au plus haut point. Il échappait à cette médecine froide et sans âme que j'avais si souvent rencontrée. Il m'exhorta à continuer ainsi, et dans l'emportement, se laissa à dire qu'on avait réussi.

Mais tout n'était pas gagné. Pas plus du côté de ma jambe que de ma main. Le 22 octobre 1981, je remettais les pieds au Centre de rééducation de Rennes Beaulieu. Je rencontrai un médecin qui mit en doute ma capacité réelle à marcher. Bien que je fisse un essai sur une dizaine de mètres devant lui, il ne voulait pas croire qu'on m'y avait autorisé. Par chance, j'étais en mesure de lui présenter le double de la lettre que le docteur Fouché avait envoyée à mon médecin traitant.

Je retrouvais tout autant de défiance et surtout de mauvaise volonté avec l'ergothérapeute. Je lui avais montré un courrier de la polyclinique qui demandait à ce qu'une autre attelle, plus adaptée à l'état de ma main, me soit fournie. Il ne voulait pas souscrire à cette conclusion. Pour obtenir de lui ce travail qui ne réclamait pas plus d'une heure, il me fallut attendre une dizaine de jours.

Je ne comprenais pas la raison de ces comportements butés. Tout se passait comme si l'on avait voulu mettre des freins à mon mieux-être. A la réflexion, il me semble que certains médecins souffrent d'un ego trop prononcé. Ils se font les tenants d'un savoir dont ils se croient individuellement les seuls héritiers. Ils supportent mal les avis contraires. Ils ne digèrent pas la contestation. Et encore moins la remise en question de leur propre diagnostic.

## *Chapitre XIV*

### *INCURABLE DEVANT LA VIE*

J'avais terriblement envie de distractions de mon âge. Une sortie ! Il me démangeait de retourner dans une de ces boîtes de nuit où j'avais bien des fois traîné. Avant. Dans cette autre vie. N'était-ce pas là le signe manifeste d'une confiance en mes moyens retrouvée ? Le 23 octobre 1981, un vendredi, je me décidai à mettre ce projet à exécution. Je choisis le « Grenier », une discothèque où j'avais l'habitude d'aller le samedi avec mes copains. J'y avais fait les pires bêtises qu'on puisse imaginer. Ma dernière soirée dans cet établissement remontait au 23 juin 1979. Un bail !

Ricky, mon ami de toujours, un de ceux qui ne m'avaient jamais fait faux bond, avait accepté d'être mon chauffeur. Je m'y rendis sans béquilles.

Il y avait foule. Je m'étais senti un peu paumé. Une masse compacte ondulait sur la piste de danse au rythme sourd des basses. Des corps collés les uns aux autres, déchaînés, emportés dans un mouvement qui ne s'arrêtait plus. Comme des mécaniques montées sur ressort.

Bouger, sauter, danser… Il m'était passé dans la tête toutes ces choses que mon physique me refusait encore. Toutes ces choses auxquelles je n'accéderais peut-être jamais. Quelques souvenirs aussi. Mais, cette fois, je m'étais promis de les laisser au vestiaire. D'oublier les vieilles images d'un passé révolu. Tout était bien réel autour de moi. J'étais resté debout au bar, campé sur mes deux jambes. Aussi longtemps qu'elles avaient bien voulu me porter. Toute la nuit !

Je retournai une dernière fois dans cette boîte le 13 novembre 1981. Pour fêter mes 28 ans. Plutôt pour enterrer les trois années qui venaient de passer. Celles qu'on a coutume de compter parmi les plus belles de la vie.

Contradictoirement, le fait de me voir désormais progresser tous les jours un petit peu me pesait considérablement. Il me semblait que cette évolution se faisait au ralenti.

J'étais terriblement impatient. La relation que

j'établissais avec le monde avait changé. Elle n'était plus celle du traumatisé à l'hôpital mais bien celle de l'infirme à l'existence. La notion de normalité, pour ne pas dire d'anormalité, ne s'était jamais faite à mes yeux aussi criante... et aussi blessante. Plus il m'était permis d'accomplir de nouvelles choses, plus je réalisais le nombre infini de celles qui me restaient interdites. La situation évoluait vers un avenir où ma réinsertion sociale se profilait comme un autre combat. Presque plus dur que celui que je venais de livrer. Car je n'en connaissais plus les règles.

*****

C'est à partir de ce moment que j'eus le plus de mal à supporter l'état dans lequel je me trouvais. Je me sentis brusquement affaibli, incapable de grands efforts, usé par ma longue lutte pour la vie. L'idée de mettre fin à mes jours m'était même venue à l'esprit. Pour la première fois depuis mon accident. Tout le monde était tombé de haut en me voyant tomber irrémédiablement vers cet état dépressif. Mes parents surtout qui me croyaient tiré d'affaire. J'étais devenu d'une sensibilité et d'une hyperexcitabilité extrêmes. De nouveau, j'envoyais promener ma mère pour un rien. Elle qui faisait tout pour m'être agréable. Un simple courant d'air dans la maison suffisait à me mettre dans un état furibond.

J'étais un convalescent pénible alors que j'avais pratiquement toujours été un malade arrangeant. Je me plaignais de douleurs dans les muscles et dans les membres. Des symptômes dont la cause n'était pas bien claire. Apparemment aucunement liés à tous mes ennuis passés. Non, des symptômes tout droit sortis de ma tête. Des tremblements qui me parcouraient parfois tout le corps. Des palpitations et des suées intempestives. Des fourmillements qui m'assaillaient sauvagement les mains et les pieds. Je ne savais plus où me mettre. Je n'avais plus de goût à rien. Même le football ne m'intéressait plus. Je glissais comme cela, sans raison apparente, dans un profond état d'abattement. Avec des sursauts de colère qui surprenaient mon entourage. Je m'angoissais à l'idée de ne plus jamais pouvoir retravailler. Cette pensée qui m'obsédait de plus en plus m'avait rendu insomniaque. Et de cette insomnie, j'avais fait aussi une fixation torturante.

Je tournais en rond. Ne quittant que rarement ma chambre. Rejetant la société en bloc. Je ne voulais plus voir personne. Pas plus mes frères et sœurs que mes amis les plus chers. Le docteur Roussel, lui, avait réussi à forcer le barrage. Il avait rassuré mes parents en leur disant que ce genre de répercussion nerveuse était fréquente suite aux maladies graves et longues. C'était un contrecoup. Il fallait seulement du temps et une forte dose de compréhension.

Il m'avait assigné au repos complet. Pas de fatigues inutiles comme ces divertissements nocturnes. Rien qui puisse aggraver cet état d'épuisement nerveux. Des séances de rééducation courtes. Une nourriture fortifiante et abondante. Et de la compagnie pour que je ne me laisse pas aller à mes influences morbides. A mon problème de réinsertion professionnelle s'ajoutait une autre préoccupation que je vivais particulièrement mal : les femmes. J'étais sexuellement très perturbé. Et effectivement, je souffrais également de l'absence de quelqu'un. D'autant que ce quelqu'un avait bel et bien existé. Je ne démordais pas de l'idée que la présence d'une compagne aurait suffi à me tirer des griffes de ce terrible désarroi.

*****

Au début du mois de décembre 1981, j'avais repris du poil de la bête. Mon état de surexcitation s'était naturellement estompé, faisant place à une légère période de mélancolie. La prise de conscience de mes troubles et de mon agitation m'avait naturellement amené à la guérison. Sans occulter le rôle de mes proches qui avaient su endurer cette épreuve avec beaucoup de tolérance. Cela faisait environ deux mois que j'arrivais à me déplacer sans rien. Je repris goût aux promenades. J'espérais bien, à cette époque, qu'au pire à l'été ma vie serait redevenue à peu près normale. J'avais très bon moral. Je remarchais ! Pour fêter l'événement j'invitai Camille et Jacques, mes deux kinés préférés, avec leurs épouses, l'ergothérapeute, des stagiaires du Centre de Beaulieu, et Bertrand, un malade du même centre. Nous nous retrouvâmes à douze personnes dans un restaurant étoilé de Châteaugiron.

Plus tard, un médecin du Centre de Rennes Beaulieu me convoqua pour apprécier la manière dont je marchais. L'instabilité de ma jambe droite l'incita à affiner le contrôle. D'autant que je lui avais confié que, de temps à autre, elle me faisait mal. Il me fit faire de nouvelles radiographies de la jambe. A leur examen, il estima que la situation n'avait pas évolué très favorablement depuis les six derniers mois. Il me supprima le droit à l'appui total et ne m'autorisa à me déplacer qu'avec des béquilles.

Nouveau coup dur ! A peine venais-je de les quitter qu'on me les recollait sans autre explication qu'une fragilité résiduelle. C'était à n'y rien comprendre. Je doutais que le Docteur Fouché se soit trompé à ce point. J'obtins un rendez-vous dans les plus brefs délais. Il procéda à une contre-expertise qui dissipa tous les doutes. Je consultai un médecin homéopathe. Après avoir suivi sa prescription pendant une dizaine de jours, je ne ressentis plus du tout la fragilité de ma jambe.

*****

Je passai mon troisième réveillon du nouvel an avec mes copains habituels. J'allais beaucoup mieux. Et moralement et physiquement. Mais je savais qu'il y aurait encore de l'eau à couler sous les ponts avant que cet événement ne me dynamite comme par le passé. A peine l'année 1982 venait-elle de commencer qu'à l'horizon de la mi-janvier se dessinait ma seizième opération. Toujours sous la main experte du docteur Fouché. Une intervention de fignolage sur mon coude droit dont l'extension restait partielle.

Dans le même temps, il devait procéder à trois autres actes chirurgicaux. Sur le majeur et l'auriculaire de ma main droite ainsi que sur mon petit orteil de pied droit qu'une escarre avait complètement rendu difforme. Comme, cette fois, mon cousin n'était pas là pour me tenir compagnie, je n'avais pas hésité à demander une chambre pour moi tout seul.

Je l'avais obtenue sans difficulté. D'autant que je ne devais rester à la polyclinique que pour une semaine. La kinésithérapie fut ensuite la seule voie thérapeutique indiquée pour parfaire la mobilité de mon corps. Le 15 mars 1982, les séances de rééducation que je suivais en externe à Rennes Beaulieu prirent fin. Leur succédèrent deux heures quotidiennes pendant trois mois dans un cabinet de Châteaugiron.

*Chapitre XV*

## *LE BOUT DU TUNNEL*

Le printemps 1982 s'annonçait donc surtout comme le bout du tunnel de la chirurgie réparatrice. Arrivé l'été, je recevais même un prix dans un concours de rock. Je savais, au fond de moi-même, ne pas avoir été parmi les meilleurs danseurs sur la piste de danse, mais c'est au mérite que j'avais été couronné. Seul le serveur du Grand Hôtel de Dinard (p. 192) m'avait reconnu sur la piste. Personne d'autre n'avait remarqué que j'avais un problème.

Hélas, mon cousin Dominique sur qui je comptais beaucoup pour m'aider à revivre normalement se tua dans un accident de la route en décembre 82. Peu de temps après je fis la connaissance de son amie à qui je faisais sept fois l'amour dans la même nuit, j'étais en terrible manque… Avant cette aventure, j'allais voir une prostituée à Paris au cours de l'été 82 avant de passer 8 jours au Club Méditerrané de Cargèse, en Corse. Trois années de disette cela à été atroce. Heureusement j'avais de l'avance.

Il ne restait à l'horizon 1989, qu'une ultime opération. Destinée, elle, à retirer le clou centro-médullaire que j'avais au milieu de ma jambe. Cette longue pointe d'acier de 42 centimètres. Sept années plus tard, donc, je devais retrouver le docteur Fouché sur mon chemin. Entre-temps, bien sûr, mon état, s'était considérablement amélioré. Sur le plan du jeu articulaire dans son ensemble. Même si bien des positions et des gestes m'étaient encore difficiles comme la station debout, la descente et la montée des escaliers, les mouvements d'accroupissement, la conduite automobile…

Il n'y avait pour ainsi dire que ma main droite qui présentait des séquelles persistantes au niveau de sa force de préhension et de la mobilité des doigts.

Avec cette dernière intervention, je croyais tenir le bout de mon fil d'Ariane. Eh bien, non ! Au lieu des quinze jours annoncés pour me rétablir, deux mois supplémentaires d'hôpital me furent imposés. Un abcès s'était déclaré. Ma cicatrice avait due être réouverte pour évacuer l'exsudat indésirable. Une autre longue période de rééducation s'en était suivie.

Il m'avait semblé que le cauchemar ne me lâcherait jamais. Qu'il était inscrit en moi, dans mes gènes. Il n'y avait personne pour me faire concurrence. J'étais le champion toutes catégories du tableau clinique à complications. Sans doute étais-je né sous une étoile un peu tordue, aux branches déficientes, rebelle à la nuit. Un de ces pâles astres qui n'en finit jamais de mourir au prix d'éternelles souffrances. Aujourd'hui, je ne me souviens plus à quel point j'ai pu souffrir atrocement. Seul le résultat compte. Si ça n'avait été dans un état autre que celui auquel je suis arrivé, je n'aurais pas aimé vivre et aurais sans doute cherché par quelle possibilité j'aurais mis fin à mes jours sans souffrance que je n'ai connu à peu près qu'à partir du 20 janvier 1980.

Je repensais à cette jeune Anglaise que j'avais sauvée des eaux espagnoles. Comme elle, je n'avais cessé de remonter à la surface pour mieux m'enfoncer. Un interminable va-et-vient qui use les forces les plus vives. Comme si j'avais dû être à jamais un otage de l'infortune…

Dans mon malheur, je ne serais pas honnête de dire que je n'eus pas mon lot de mains tendues. La main divine qui m'exhuma miraculeusement des ténèbres. La main de ma mère qui me sauva courageusement de l'obscurité. Sans oublier la formidable chaîne de solidarité qui s'est manifestée autour de moi, à Châteaugiron. Il s'agit vraiment d'une petite cité de caractère, chaleureuse, qui m'a permis, fort heureusement, d'échapper à l'anonymat des grandes villes.

La douloureuse opacité de cette période s'est estompée à compter de l'été 1986, lorsque j'eus la chance et le bonheur de rencontrer Marie-Paule. Une veuve avec un enfant de six mois dont je suis tombé amoureux. Je n'avais hélas pas oublié Babette de même, Marie-Paule très marquée par la vie, perdant un enfant à l'âge de 18 mois puis son mari en 85. Elle accoucha en 86 d'un garçon qui avait été très attendu par le couple et dont le père, Gilbert, ne connut jamais l'existence. En effet, Marie-Paule se fit renverser par un bus (fracture du fémur). Elle apprit à l'hôpital qu'elle était enceinte et Gilbert, en lui rendant visite, se tua dans un accident de la route. Le petit garçon est né le 16 janvier 1986. C'est au court du même été que j'ai rencontré Marie-Paule.

Elle m'a donné deux merveilleuses filles, Sandrine et Nadège. Nous avons élevé nos trois enfants du mieux que l'on a pu, ne les privant de rien, et sans jamais marquer de différence entre eux. Le 8-7-92 je faisais paraître un article sur Ouest-France pour trouver une personne susceptible de retranscrire mon calvaire. Je reçus une lettre le 16-7-92, d'une maman désemparée, dont le fils Olivier, avait subi un très grave accident le 31 mai 92. Il était toujours dans le coma, et, au vu des termes employés par sa mère, dans sa lettre, je me disais qu'il devait être dans un état pire que le mien. Il avait donc de multiples fractures, fracture du rocher, un très important œdème cérébral, trauma crânien, clavicule gauche cassée, enfoncement de la cage thoracique, la rate saignante, fracture du bassin, rein endommagé et une jambe fracturée.

Ayant parlé avec cette maman au téléphone, je l'encourageais à ne jamais baisser les bras. Certes, je ne pouvais rien lui promettre mais lui disais ce

que, chaque jour, la mienne faisait pour moi… étant persuadée que le cerveau d'un comateux entend…
Et miracle ! À la fin du printemps 1993 Olivier s'est réveillé. Depuis, il a toute sa tête, et bien qu'il ait une démarche plus hésitante que la mienne, il est très heureux de vivre.

Moi, pratiquement toujours au chômage, je n'ai jamais réussi à retrouver un travail stable et intéressant malgré toutes mes démarches. Seulement de petits boulots pas intéressants, malgré tous mes efforts… On vit dans un monde impitoyable. Marie-Paule s'est lassée de me voir tout le temps sans travail, je ne vivais qu'avec ma rente d'accident du travail. Le divorce fut prononcé le 28 février 2007, nous avons vécu quelques mois divorcés, sous le même toit, puis elle a quitté le domicile conjugal.

La plus grosse bêtise que j'ai faite est d'avoir vendu ma maison à cette époque. Il est vrai qu'elle était trop grande pour moi seul. Je vivais comme un ermite, ne sortant plus, n'allant même plus jouer aux boules. Je dépérissais et sentais que j'allais me clochardiser. L'été 2009, j'allais sur un camping de St-Briac, j'avais très mal à ma hanche droite et marchais difficilement. Je ne pouvais même pas profiter de la piscine du camping. Dès mon retour, je consultai et, après plusieurs infiltrations, sans effet, je décidai de me faire opérer, pour la vingtième fois, de la pose d'une prothèse de la hanche droite. Le 12 octobre 2009, l'opération eut lieu. Ce fut un succès.

Alors que je dépérissais, ma mère me conseilla d'aller tous les jeudis après midi, au club de l'amitié de Châteaugiron. Au départ, je l'avoue, étant le plus jeune des garçons, j'y allais un peu à contrecœur et finis par me  sentir très bien intégré. En jouant à la belote je fis la connaissance d'Annick, qui allait complètement changer mon existence.

Le premier janvier 2010, alors que j'étais invité chez ma mère pour passer le réveillon en sa compagnie et celle de ma tante, je proposai à Annick de se joindre à nous.  De fil en aiguille nous avons appris à nous connaître. Et pour finir nous avons décidé de vivre ensemble. Annick a complètement changé ma vie, *je serai toujours son doudou et elle ma doudoune…*

Malheureusement, Annick, que les marchands de tabac ont rendu, dès son plus jeune âge, malicieusement accro à leur drogue, a été emportée le 06/09/2012, au bout de douze jours d'agonie, sans jamais totalement se réveiller, après avoir subi la pose d'une prothèse aortique, opérée à cause des méfaits du tabac qui avaient hélas obstrué sournoisement l'ensemble de ses artères.

Je la remplacerai, mais sans jamais l'oublier... Elle m'a redonné le goût de vivre et, en sa mémoire, je veux retrouver le goût du bonheur.

Après le départ d'Annick, il m'a fallu surmonter une épreuve encore plus dure, le décès d'Emanuel, mon fils adoptif qui, à 27 ans, ne se voyant aucune issue et sans travail, alors que je l'avais recueilli à mon domicile a choisit délibérément de nous quitter le 21/04/2013 en avalant le dimanche soir, l'ensemble des médicaments que lui avait confié l'hopital psychiatrique qu'il venait de quitter le vendredi 19/04/2013. C'est moi même qui l'ai trouvé étendu sur son lit le lundi matin hélàs mort...

Depuis plusieurs années je présente une douleur persistante au niveau du genoux droit dû à un «genu valgum», selon le terme médical, entrainant l'arthrose du genoux. Je me suis une nouvelle fois retrouvé dans ma polyclinique préférée pour y subir ma 21ème opération par les mains expertes du docteur Laudrin, gendre de mon médecin traitant, le docteur Roussel aujourd'hui retraité. Cette opération : la mise en place d'une prothèse totale du genoux droit s'est très bien déroulée le 8 avril 2014. J'ai quitté la polyclinique le lundi 14 avril, 1 ou 2 mois de rééducation devraient s'avérer nécessaire et j'espère qu'à cette issue je me redynamiserai comme par le passé.

Heureusement mes deux anges, Sandrine et Nadège, avec leur ami respectif David et Erwan, contribuent à mon bonheur actuel. La vie que j'adore continue, Sandrine et David m'ont offert mon premier petit fils «Léo» né le 16 avril 2014. Tout le monde se porte bien et un bonheur n'arrivant jamais seul, j'ai eu le plaisir de rencontrer Florence avec qui je me suis marié le 7 mai 2016. Ce n'est que du bonheur que j'aurai mis 38 ans à retrouver.

# *Album Photos*

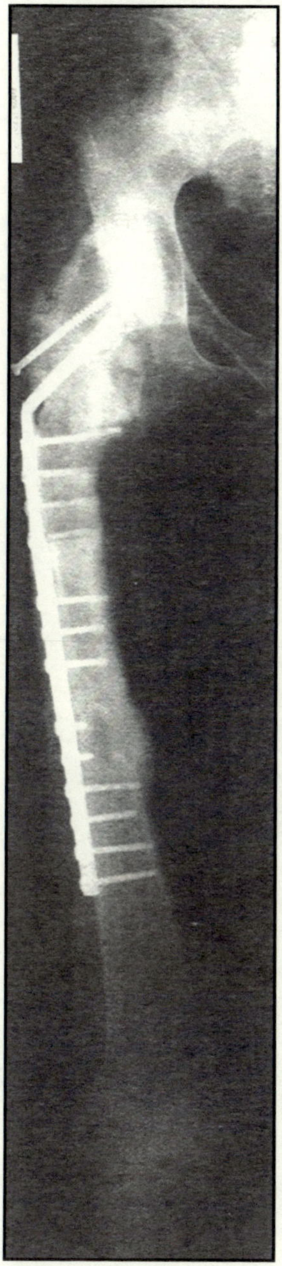

*Lame-plaque*
*et vis sur fémur droit.*
*Mis en place*
*le 28-06-79*

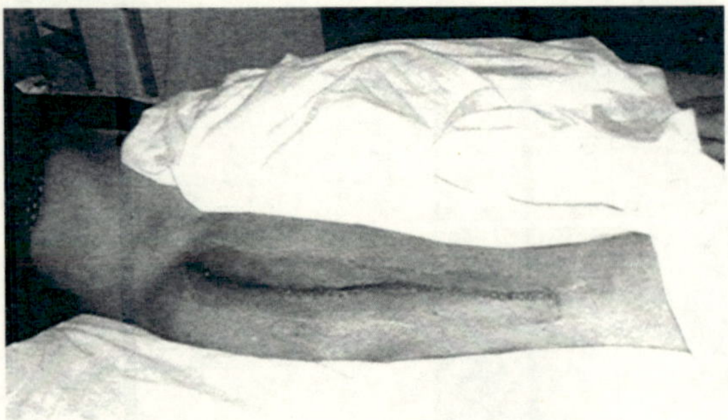

*Intervention sur ostéome de hanche droite et ablation de la lame-plaque. Le 12-01-81*

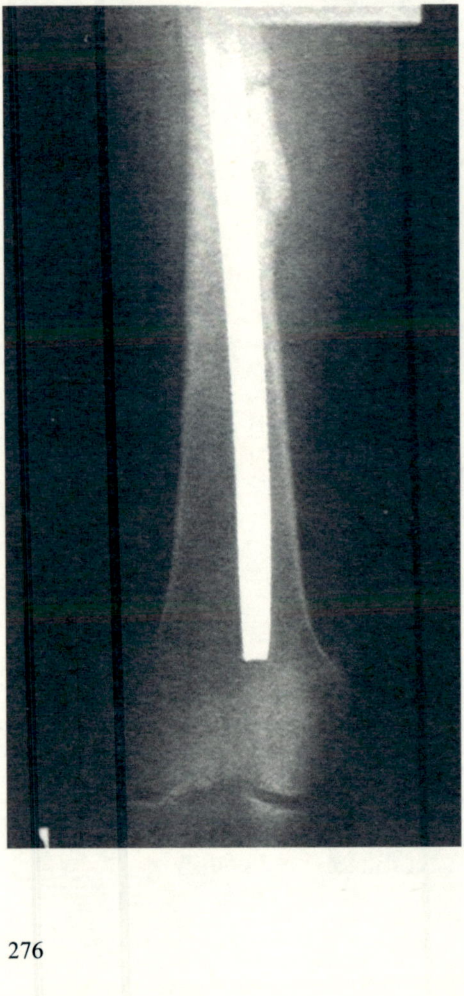

*Fracture à l'emplacement d'un trou de vis. Le 02-81*

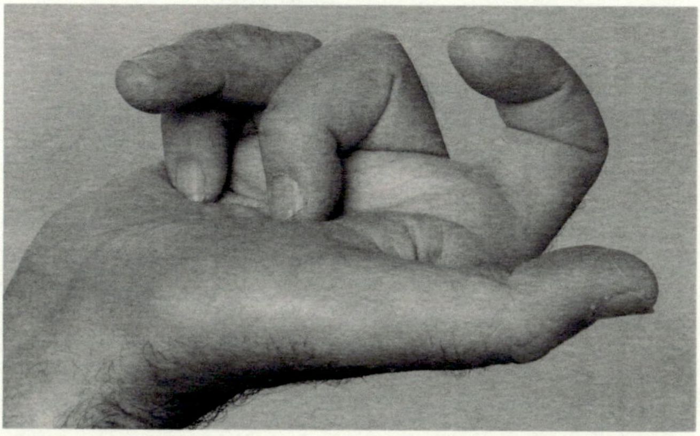

*Ma main droite telle qu'elle était après 7 mois de coma avant l'arthrodèse du pouce, du majeur et de l'auriculaire.*
*Le 1-06-81*

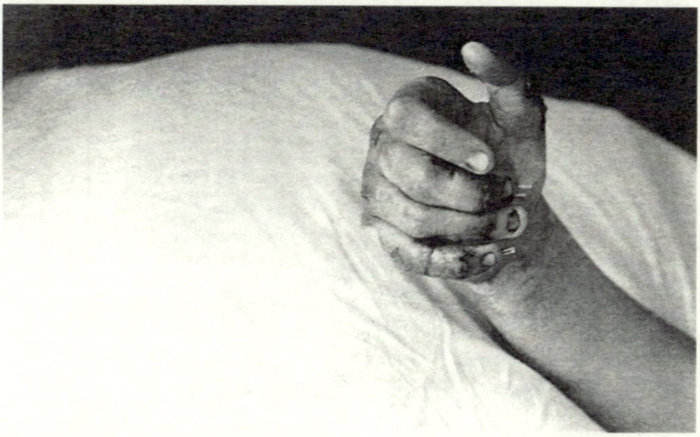

*Arthrodèse de la main droite.*
*Le 2-06-81*

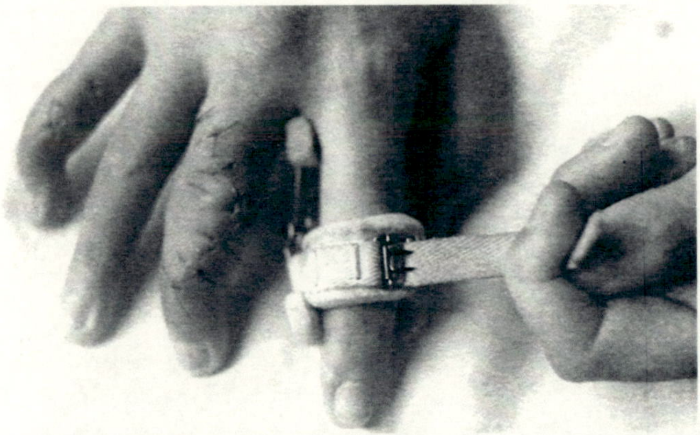

*Rééducation après arthrolyse et opération de Page-Scaglietti.*
*En juillet 1981*

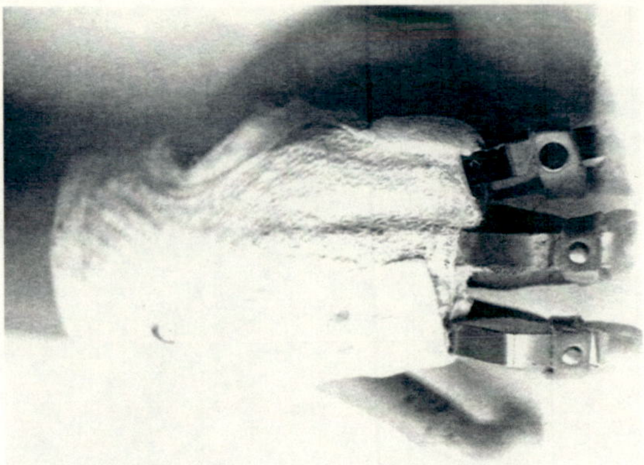

*Posture de la main droite après plusieurs opérations.*
*En juillet 1981*

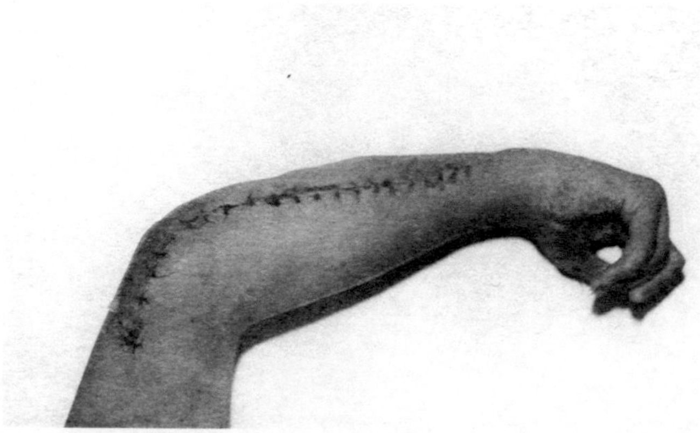

*Opération de Page-Scaglietti.*
*Le 15-06-81*

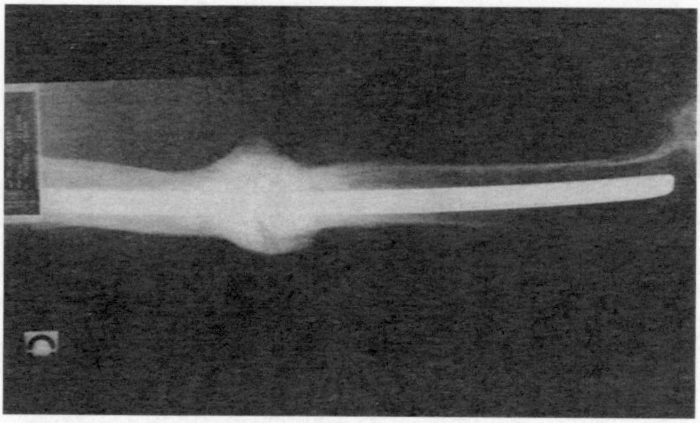

*Fracture de février 1981 consolidée.*
*Le 4-10-1984*

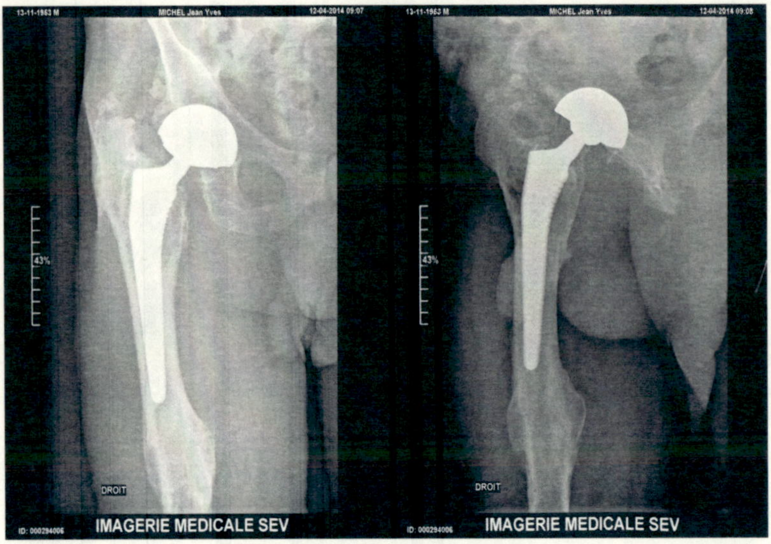


*Prothèse de hanche mise en place le 12 octobre 2009.*

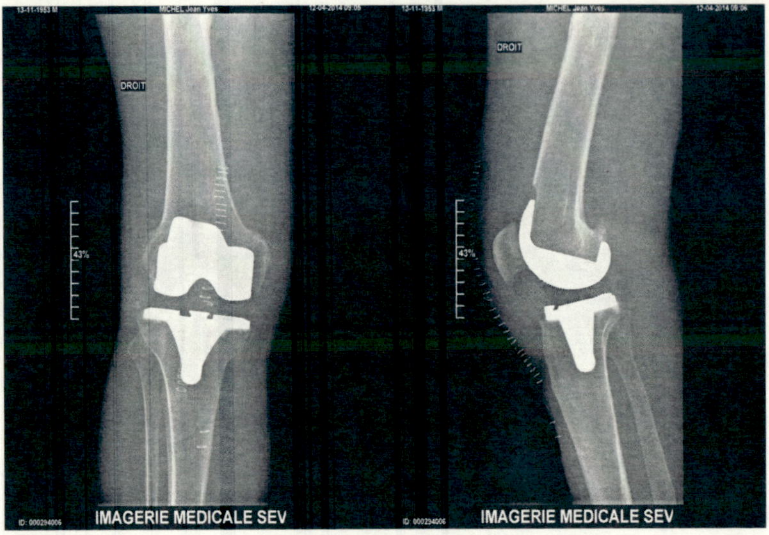


*Prothèse totale du genou droit face et profil le 8 avril 2014.*

# DEUXIÈME PARTIE

*Chapitre I*

## *AUTRE COMBAT : L'ACTION EN JUSTICE*

Au terme de mon parcours chirurgical labyrinthique, j'avais demandé au docteur Fouché d'établir un certificat médical pour faire valoir ce que de droit il me revenait au titre des réparations civiles.

Après une description des interventions que mon état avait nécessité, il avait tiré cette conclusion :

*Monsieur Michel est, à ce jour, en voie définitive de rétablissement.*

*Il présente encore des séquelles nombreuses et graves au niveau des différentes articulations.*

*Celles-ci sont susceptibles d'évoluer mais de façon extrêmement modérée dans les années à venir. Si bien que la consolidation peut-être considérée comme acquise.*

Un combat d'une autre facture allait pouvoir commencer. Celui de mon procès. Depuis l'interruption de mon activité professionnelle, la Sécurité Sociale me versait des indemnités dans la mesure où j'avais été victime d'un accident du travail. Difficile d'imaginer la juste somme pour compenser tous les préjudices que j'avais subis. D'autant, qu'en théorie, je n'aurais jamais dû revenir à un tel niveau de lucidité et de validité. Sans ma force de caractère, je n'aurais jamais pu atteindre un tel stade de récupération mentale et physique.

Statistiquement, je devrais être très lourdement handicapé ! J'ai eu une énorme volonté chaque jour, tout au long de mon parcours infernal, que je ne soupçonnais pas. Cette notion très subjective de la volonté devait-elle aussi entrer en ligne de compte ?

A mon sens, oui. J'avais assez souffert, assez consenti d'efforts pour en arriver là. Mais la douleur est, elle aussi, difficilement quantifiable. Je craignais fort que la justice se borne à apprécier l'état auquel j'étais parvenu aujourd'hui.

Aussi avais-je insisté auprès de mon avocat pour qu'il mette en relief l'importance du préjudice moral qui était le mien. En deux ans et demi, j'avais tout perdu : mon emploi, mon outil de travail, une entreprise promise à un bel avenir, ma fiancée... J'avais perdu des relations affectives, la considération des autres, la confiance en moi... Les griefs ne manquaient pas.

Je les avais largement exposés à Me G. qui était un ami de mes parents. Il m'aimait bien. J'avais déjà travaillé pour lui et il n'avait pas manqué de louer la qualité de mes services auprès de mon père. J'attendais de lui qu'il exécute aussi bien sa tâche dans son domaine.

Devant les nombreuses interrogations qui me torturaient l'esprit, il m'avait demandé de le laisser faire. L'affaire fut appelée le 14 décembre 1982 à l'audience publique du Tribunal de Grande Instance. Il se composait d'un magistrat siégeant comme juge unique et du premier substitut du Procureur de la République assisté d'un greffier. Etaient représentées pour mon adversaire direct : la partie civile, la Caisse Primaire d'Assurance Maladie (CPAM) et la Mutualié Sociale Agricole (MSA).

Quand arriva le jour du jugement, l'affaire fut mise en délibéré puis reportée trois fois. Au 18 janvier 1983 puis au 15 février et enfin au 1er mars.

*****

Des séquelles nombreuses et graves… j'en avais à revendre, comme en rendait compte, à l'audience, un rapport médical détaillé. Un syndrome subjectif marqué par des céphalées, des troubles de l'attention et de la mémoire. Une diplopie latérale gauche, soit un trouble visuel me faisant prendre un objet pour deux. Des troubles neurologiques portant sur l'humeur, le caractère et le membre inférieur droit. Une limitation de la flexion-extension du coude gauche. Une limitation de l'extension du coude droit. Une abolition de la rotation du poignet gauche. Une limitation de la flexion-extension du poignet gauche. Une atteinte du jeu articulaire de la main droite, gênant la flexion-extension, l'opposition et la préhension. Une limitation des mouvements de la hanche droite. Une limitation de la flexion du genou droit et du genou gauche. Un équinisme de la cheville droite. Une diminution importante de la force d'extension et de flexion du membre inférieur droit. Le tout se résumant à un déficit d'Incapacité Permanente Partielle de 65 % qui me déclarait inapte à la reprise de mes activités professionnelles antérieures. La Sécurité Sociale me reconnaissait un taux d'invalidité globale de 80 %.

Je fus d'abord rassuré par l'examen scrupuleux de la justice qui s'appuyait sur une expertise détaillée. En définitive, annihilant tous les doutes que j'avais eus, elle estima le préjudice de la souffrance. le pretium doloris faisait état des douleurs contusionnelles et fracturaires, des nombreuses interventions subies, des hospitalisations répétées et des séances de massage et de rééducation. Sur une échelle de 0 à 7, il fut situé à 6. Par ailleurs, le préjudice esthétique fut souligné. Il répertoriait les nombreux éléments cicatriciels d'origine traumatique ou opératoire et les déformations de ma main droite. Sur la même échelle, il fut évalué à 4. Enfin, il apprécia un préjudice d'agrément qui mettait en évidence l'impossibilité de reprendre le football.

Il m'accorda le droit à un préjudice complémentaire pour atteinte à mon intégrité physique. En outre, mon adversaire fut condamné à me verser une rente annuelle à vie. Il avait été estimé en fonction de mon salaire mensuel qui s'élevait à

3 600 francs. Il ne tenait malheureusement pas compte du fait que j'étais logé, nourri, blanchi chez mes parents. Ce que nous avions évalué avec mon père – cela atténuait la charge salariale de l'entreprise – comme le complément de ma paye. Au total, la partie adverse représentée par la MSA dut s'acquitter de la condamnation. Elle intégrait les débours de la CPAM, au titre des 31 mois et demi d'Incapacité Temporaire Totale, pour les indemnités journalières, les soins, les frais d'hospitalisation et assimilés.

Considérant cette condamnation trop lourde, la MSA décida de faire appel de la décision. J'en profitais pour réitérer ma demande de dédommagement auprès de Me G. pour le préjudice moral qui m'avait été causé. Je trouvais anormal que seul un préjudice physique soit pris en compte.

*****

Le deuxième jugement de la Chambre Correctionnelle fut rendu le 24 janvier 1984. Un certain nombre de conclusions me parurent bien contestables.

Si mon Incapacité Permanente Partielle était toujours considérée comme importante, j'étais déclaré capable de me livrer à une activité rémunératrice. Mais, en raison de notre situation de famille, il ne m'était pas reconnu l'espoir de pouvoir succéder à mon père. Le Tribunal arguait que les cinq enfants étaient susceptibles de se réclamer du même droit de succession. Or, celle-ci pas plus que l'activité de l'entreprise, n'intéressait personne. Mes deux frères, âgés de 35 ans et 34 ans, étaient respectivement ingénieur de l'équipement à Tours et cuisinier dans l'Aveyron depuis une dizaine d'années. Mes deux sœurs, elles, 31 ans et 22 ans, étaient institutrice et aide-soignante. Tous avaient leur vie établie, avec un métier et un emploi stable entre les mains.

Moi, j'avais toujours travaillé avec mon père et assuré la direction de l'entreprise depuis 1976 à cause de son état de santé.

Les douleurs subies étaient toujours reconnues comme importantes mais le tribunal estimait avoir retenu un chiffre élevé. A l'échelle d'évaluation des souffrances endurées que j'avais relevée dans un numéro du Concours Médical, j'étais au maximum. Autant par la nature des traumatismes que le nombre de jours d'hospitalisation (90) et de séances de kinésithérapie (100).

Je comptabilisais 621 jours d'hôpital dont 212 dans le coma et 1 150 heures de rééducation !

Le plus inadmissible, à mes yeux, fut de me voir

refuser le droit à une indemnisation pour préjudice moral. La preuve n'avait pas été faite que j'avais une fiancée lors de l'accident. De toute évidence, Me G. n'avait pas suffisamment plaidé cet aspect du dossier. Rien n'était plus simple que de porter à celui-ci des témoignages certifiant une relation suivie avec Babette depuis 1978 et d'une promesse morale de mariage à l'été 1979. N'était-il pas simple de lui demander confirmation de cet engagement ? Ses parents ne m'avaient-ils pas accordé sa main ? Sa sœur, nos amis n'avaient-ils pas été les confidents et les témoins de notre bonne entente ? Notre amour ne s'était-il pas déclaré au grand jour comme sincère et durable ? N'était-elle pas venue me voir chaque jour à l'hôpital lorsque j'étais en réanimation chirurgicale ? Les médecins ne l'avaient-ils pas contrainte à m'oublier à son plus grand désespoir ? Je ne comprenais vraiment pas pourquoi Me G. n'avait pas porté l'estocade sur ce point essentiel.

*****

Ce que mon ardent défenseur avait omis de me préciser, c'est qu'avant d'être le représentant de mes intérêts pour cette affaire, il était d'ordinaire l'avocat attitré de la Mutuelle Sociale Agricole. Je le soupçonnais fort d'avoir ménagé un double intérêt et d'avoir fait la part belle au Goliath agricole. De s'être prêté à un double jeu dans lequel je pouvais bien perdre quelques plumes. Toujours est-il que l'appel interjeté n'allégea pas la facture de la MSA. Elle l'alourdit même. Une juste mais décevante compensation. D'autant que le juge d'appel avait confirmé par deux fois dans son jugement le bien-fondé de la somme allouée par le premier juge.

Le 26 juin 1984, je recevais une lettre de Me G. La Cour avait rendu son arrêt en rectification d'erreur matérielle. Elle me confirmait la somme que je devais percevoir. Mais, le 11 juillet, une nouvelle lettre de Me G. venait contredire la première :

*Les chiffres portés dans mon courrier du 26 juin ne sont pas exacts (...). Il en résulte une différence assez sensible entre la somme que nous avons reçue et celle qui, en définitive, nous est attribuée.*

*En réalité, la Cour a bien fixé notre préjudice global à la somme indiquée(...) mais il faut ensuite déduire toutes les sommes représentant les créances de la Sécurité Sociale...*

Le montant de la déduction à opérer n'avait pas

été mentionné ni même estimé. Plus tard, je compris pourquoi. Le 11 octobre 1984, un courrier de Me G. me présenta les comptes dans sa version définitive. Elle n'était pas seulement sensible la différence dont il avait été question mais bien saignante. Il fallait restituer à la MSA cette somme pour les indemnités journalières qu'elle avait payées à tort.

Dans son arrêt, la Cour reconnaissait noir sur blanc « avoir commis une erreur matérielle ». La mienne, la seule, était d'avoir encaissé le chèque qui m'avait été adressé trois mois plus tôt. D'autant que j'avais aussitôt engagé cet argent dans la construction de ma maison que j'avais interrompue un an plus tôt, faute de moyens. Je me retrouvais dans l'impossibilité de rembourser l'argent.

*****

De son côté, mon père avait engagé une procédure à l'encontre de mon adversaire, et donc de la MSA, pour le préjudice professionnel causé à l'entreprise. Mon rôle étant prépondérant au niveau décisionnaire et commercial, la société avait directement fait les frais de mon absence forcée. La réalité de ce préjudice ne fut pas contestée. Elle ouvrit droit à réparation. Cette dernière fut estimée à une somme, cette fois-ci, sensiblement équivalente à celle que l'on me réclamait. Comme de juste !

*****

A compter du décès de mon père, ma mère dut reprendre le flambeau et s'occuper des suites de l'affaire. Un arrangement officieux s'instaura. Dans le silence. Tant que ma mère ne relançait pas les poursuites, la MSA ne me réclamait pas son dû. Lorsqu'elle s'essaya à faire procéder au recouvrement de ses indemnités, je fus indirectement informé de possibles poursuites pour la totalité de ce qu'il me restait à devoir. Et notamment d'une mesure de saisie de ma maison. L'arrangement tacite se fit officiel. Dans le silence aussi !

*****

La MSA fut contrainte de dégager un capital constitutif de ma rente viagère. Il est clair que je ne puis en disposer dans sa totalité. Il est distillé au goutte à goutte comme un salaire. Cette somme est, par conséquent, un capital bloqué. Placé au taux de l'argent et après imposition, il augmente chaque année. De quoi compenser grassement, à n'en pas douter, les arrérages dus à la CPAM !

Il est à noter que le capital constitué en 1984, alors que l'inflation avoisinait les douze pour cent, avait généré une rente qui n'allait augmenter, elle, que de deux à trois pour cents par an.

*Chapitre II*

## *AUTRE MARATHON : LA RÉINSERTION PROFESSIONNELLE*

Dans l'intervalle des deux jugements, je ne fus que l'observateur impuissant d'une autre forme d'injustice.

J'avais remis les pieds dans l'entreprise familiale. Mais j'étais loin de pouvoir assumer seul sa responsabilité. Or, mon père était fatigué. Il avait l'âge de la retraite. Ne pouvant procéder à une succession patrimoniale, il recourra à l'aide de son groupement économique, duquel il comptait parmi les plus anciens. L'entreprise en avait été le cinquième adhérent. Comment, dans ces conditions, ne pas lui faire confiance...

Il sollicita ses conseils pour trouver un associé. Le groupement lui présenta un chef d'entreprise originaire de la Charente-Maritime.

Il était à l'origine de la création d'une importante société rochelaise, dans laquelle il s'était retrouvé minoritaire. Il débarqua dans l'entreprise comme un conquistador en Amérique. Esclavagiste dans l'âme. Sûr de son bon droit et tout de suite enclin à donner des ordres. Je me rendis compte beaucoup trop tard qu'il n'était qu'un écornifleur. Aussi fort en gueule que léger dans ses agissements.

L'orgueilleux président de notre groupement "Pornoconfort" comme se plaisait à l'appeler notre associé véreux non seulement ne me tendit jamais la main pour m'aider à retrouver un emploi mais les cinq fois que je lui ai téléphoné, brillait par son absence. Curieusement, après que j'eus fait croire à sa secrétaire que je devais participer à l'émission « Ciel Mon Mardi », il me rappela en me menaçant pour acheter mon silence. Dernièrement, il me raccrocha au nez alors que je lui demandais de s'excuser auprès de ma mère d'avoir présenté à mon père un tel escroc. Il est vrai que l'un et l'autre étaient queue et chemise. N'était-il pas le parrain de son dernier enfant...?

Je ne doute pas que le président du groupement ai ignoré la vraie personnalité de cet individu. Il avait déjà eu deux affaires. Et de la dernière, il n'était pas étonnant qu'il fût rétrogradé au second plan. Ses pratiques frauduleuses ne pouvaient, à terme, que conduire à la faillite d'une entreprise et à la décrédibilisation de sa personne. Les statuts de la société avaient été révisés au début de l'année 1983 afin de sceller l'association. Les premiers mois avaient démarré sur les chapeaux de roue. Il avait entrepris un plan complet de restructuration et surtout un programme d'investissement faramineux. A l'image de sa conception de la gestion d'entreprise, il avait instauré une échelle des valeurs salariales très particulière. Il avait établi la paye de mon père – qui n'en restait pas moins son patron – à 6 000 francs mensuels. La mienne à 20 % d'un salaire normal. Une rémunération calculée proportionnellement à mon taux d'incapacité physique (80 %). Quant à lui, qui ne vendait que du vent, arguant d'une plus lourde responsabilité, il s'était accordé le salaire démentiel de 25 000 francs par mois.

A la manière dont il menait les affaires, je ne donnai pas cher de l'avenir de l'entreprise. Sous sa gouverne, je me refusais à assumer les mêmes fonctions que par le passé. Je laissai tomber les études de chauffage et surtout les devis qui n'avaient plus rien de réaliste. A l'allure où filaient les choses, j'avais calculé que deux ans de règne de cet autre roi-soleil suffiraient à couler la boîte. A ce rythme et à cette échéance, il ferait d'une entreprise saine une entreprise moribonde.

Fort de ce sombre prévisionnel, j'avais décidé de ne m'occuper que du secteur commercial. Grâce à mon travail de bouche-trou, l'année 1983 ne fut pas aussi catastrophique que je l'avais prédite. Sur l'installation de 45 pompes à chaleur, je fus à l'origine de 33 contrats. Je ne comptabilisais pas dans le résultat global toutes les ventes que j'avais réalisées en double-vitrage, survitrage, isolation, régulation... Je devais toucher des commissions sur ces affaires. Elles auraient dues être déduites de ma facture de plomberie-chauffage-électricité. Facture qui correspondait aux travaux réalisés par l'entreprise dans la maison que je faisais construire. C'était un arrangement honnête. Non seulement l'associé de mon père ne respecta pas cet accord, mais en plus il m'escroqua. Il me refacturait du matériel négocié, acheté et payé par mes soins à notre grossiste en appliquant une marge de 1,35 %!

Je me démenais comme un beau diable pour maintenir la société à flot. En 1984, je lui permis d'obtenir une prime de 33 000 francs pour avoir vendu notre quota de pompes à chaleur fixé par

EDF-GDF. Je décrochais aussi des cadeaux d'entreprise. En 84, pour avoir vendu dix pompes à chaleur en trois mois, je gagnais un voyage pour deux personnes en Grèce. Ce fut le dernier voyage que j'offris à mes parents. Notre associé avait voulu m'envoyer en Grèce avec un commercial qu'il venait d'embaucher, qui plus est payé cinq fois mon misérable salaire... et qui n'avait rien vendu. De ces petits exploits, j'attendis au minimum une marque de reconnaissance. Je n'eus même pas le droit à un mot de remerciement. J'étais relégué au rang du plus subalterne des employés, confiné au placard le plus exigu. Un placard depuis lequel il fallait tout de même que je fisse des merveilles !

Mon père et moi étions épuisés de porter à bout de bras l'entreprise. Et, dans le même temps, de traîner comme un boulet cet aigrefin d'associé. Pour couronner le tout, je fus licencié à la fin du mois de mars 1985, pour raison économique. Ce qui devait arriver arriva. Liquidation judiciaire et dépôt de bilan ! Le passif atteignit un chiffre impressionnant avoisinant les 3 700 000 francs. Mon père ne se remit jamais vraiment de cette fin de carrière tourmentée. Une vie de sacrifices pour un tel gâchis. Il aurait tellement souhaité que je sois le prolongement naturel de sa modeste œuvre. Il décéda cinq ans plus tard, avec ses désillusions, d'une embolie pulmonaire.

Le coup de grâce qui avait été porté à l'entreprise esquissait pour moi la perspective d'un autre calvaire. Celui d'une réinsertion professionnelle plus que compromise. Par quel filon allais-je désormais m'en sortir ?

Je réussis à rentrer début mai 85 dans une coopérative de robinetterie. Un engagement de trois mois. C'était mieux que rien. Je me décidai à prendre un appartement. Cela ne faisait pas huit jours que j'avais commencé que le destin me fauchait de nouveau. En emménageant dans mon nouveau domicile, je fis une chute dans l'escalier. Ces marches que j'avais toujours appréhendées, elles avaient fini par m'accrocher les jambes. Le piège que j'avais toujours déjoué chez mes parents ne m'avait pas épargné chez moi. Une fracture d'un condyle, un petit os du genou, me contraignit à une immobilisation plâtrée de trois mois. Le temps de mon contrat ! J'ai essayé de me faire embaucher chez tous nos fournisseurs, pas un seul ne me tendit la main…“le handicapé” est-il une erreur?

En novembre 1986, la Commission Technique d'Orientation et de Reclassement Professionnel (COTOREP), qui jusqu'alors ne m'avait offert aucune perspective, m'orienta vers une formation aux métiers de la banque. Huit mois rémunérés, ça ne se refusait pas. Même si ce secteur d'activité ne m'intéressait guère. Même s'il fallait s'expatrier à Lannion, à quelques deux cents kilomètres de Rennes. Cette formation me destinait à la profession d'attaché commercial bancaire. Je m'étais investi là-dedans avec raison à défaut de passion. Après tout, j'aimais le commerce. J'étais né commerçant. Je l'étais resté dans l'âme. Je me disais que je finirais par m'y faire. On se fait à tout quand il s'agit de gagner sa vie. Un stage devait valider la formation. Je courus après les banques. Pas un établissement ne voulut me céder le moindre petit coin de son paradis argenté. Comme la monnaie qu'elles chérissent jalousement, je sonnais et trébuchais. A chaque porte. Rien à faire. On eût dit qu'elles s'étaient passé le mot. Je n'avais pas voulu aimer la banque. Elle me l'avait rendu au centuple.

Retour à mes premières amours. Le stage qu'on m'avait refusé en banque, j'allais le faire dans ma partie, chez un grossiste de Rennes. L'affaire, cette fois, se présenta plutôt bien. Le patron m'accorda un crédit que je n'osais plus espérer. Très vite, je me sentis même devenir indispensable. Reconnaissant mes compétences en matière thermique, il me confia la tâche de repenser l'organisation de cette partie d'activité. Son chiffre d'affaires tombait en décrépitude. De cette rationalisation dépendait une relance du secteur en mal de ventes. En un mois, j'avais refait toute la présentation du magasin pour l'espace chauffage. Réaménagé la salle de documentation des représentants. Une méthode de classement des dossiers et des brochures. Monté, pour ma propre utilisation, un classeur attractif de présentation pour la gamme des matériels thermiques référencés. L'outil fut jugé si fonctionnel que je dus en réaliser cinq autres, à l'identique. Un pour la direction et les quatre autres pour les représentants. Lorsque ma mission fut accomplie et mon contrat à son terme, le patron me signifia qu'il n'avait plus besoin de mes services.

Je m'essayai ensuite comme vendeur chez un grand cuisiniste. Le système commercial fonctionnait avec des téléprospectrices qui ramenaient des adresses de clients potentiels. Parmi ces contacts, il y avait surtout un énorme déchet. A se demander pourquoi on ne vendait pas des vide-ordures. Il fallait démarcher à ses frais. J'étais payé au pourcentage. Je décidai de quitter ce milieu nauséabond au bout d'une semaine. Lui succéda une longue période de chômage qui me vit envoyer plus de deux cents demandes d'emploi.

Me sachant à la recherche d'un emploi, Yannick, ce copain de lycée que j'avais déjà eu l'occasion de remplacer en 1973 pendant son service militaire, me refit la même proposition. Pour une durée de trois mois, au bureau d'étude. Il devait se faire opérer d'un ménisque. Après quoi, je me retrouvais au comptoir d'une entreprise, grossiste en chauffage-sanitaire. Le chef d'agence s'était déclaré prêt à me garder. Mais une charrette de soixante-dix personnes licenciées de la maison-mère, prioritaires à l'embauche, me barra la route de l'emploi.

Je ne trouvai une véritable porte de sortie à l'inactivité qu'en mars 1988 avec un contrat de neuf mois chez un ingénieur chauffagiste, dans une petite commune proche de Rennes. Toutes ses études étaient réalisées à l'aide d'un logiciel professionnel. Je n'avais pas cette formation. Le travail de technicien que j'avais appris ne m'avait jamais demandé de connaissances en informatique. Il me fallut un mois d'apprentissage pour maîtriser le fonctionnement de base de l'outil. Mais pour moi, son utilisation restait lourde et contraignante. Je ne me sentis jamais à l'aise dans la gestion des chantiers. Jamais à l'abri d'une erreur. A la fin de l'année, alors que je travaillais sur une grosse commande pour un chantier de ventilation sur Marne-La-Vallée, je commis la faute irréparable qui me coûta ma place. Ce jour-là, je venais d'apprendre que mon père nous avait quittés.

Je dus patienter jusqu'à l'été 1989 avant de retrouver quelque chose. Un contrat à durée déterminée à Ouest-France. Quatre mois comme agent de sécurité. Quatre mois d'un travail à mourir d'ennui. A monter et baisser des barrières. A relever des numéros d'immatriculations. A guetter le sifflement du train qui livre ses tonnes de rouleaux de papier… Non, il n'y avait vraiment pas grand chose à surveiller. Peut-être mon supérieur hiérarchique, tout agité par la phobie des terroristes de tout poil. C'est ainsi qu'un samedi, le seul jour où l'entreprise se fait fantôme, je le vis, sous mes yeux ébahis, refouler manu militari des membres du conseil d'administration. Ils ne portaient pas leur badge !

Je ne pense pas qu'en ce qui le concerne, il ait longtemps porté sa blouse bleue électrique à l'effigie du journal…

De nouveau confronté au chômage entre 1990 et 1991, je me décidai à prendre seul mon destin en mains. Je voulais m'installer comme cordonnier à Châteaugiron. Il n'y en avait pas. Je m'inscrivais à un stage de huit mois, rémunéré par l'ANPE, en Vendée. Au début de l'année 1992, je commençai mon apprentissage. Je me rendis compte tardivement que j'avais fait fausse route. Non pas que le travail me déplut mais il n'était absolument pas adapté à mon incapacité physique. Pour refaire les talons, je devais les passer sur une meule abrasive. Je ne disposais pas d'une mobilité suffisante du poignet gauche pour faire le tour complet du talon en un seul et même mouvement continu. Je ratais une chaussure sur deux. Autant dire que c'était la faillite assurée avant même de démarrer mon activité. Impossible pour autant d'arrêter le stage. Sans quoi, il eut fallu rembourser tout ce que j'avais déjà touché. C'est là, à Cholet, en 92, que je remplissais trois cahiers de notes de ce qui allait devenir mon témoignage. Après avoir vainement recherché un éditeur, 400 souscripteurs me permirent d'imprimer deux mille exemplaires écoulés en six mois.

Aujourd'hui, je maudis ce jour qui a vu arriver l'associé véreux de mon père. Sa malhonnêteté a conduit notre entreprise familiale à sa perte. Et mon avenir professionnel au fossé. Sans lui, je suis sûr que j'aurais pu redresser la situation. Qu'il connaisse pareille mésaventure...

Pour finir, je donnerai ici l'extrait d'une lettre que le quotidien Ouest-France a publié dans le courrier des lecteurs : *Après deux ans et demi d'hôpital, j'ai repris le travail presque normalement. Hélas, l'entreprise qui m'employait a déposé son bilan en 1985. Depuis ce temps j'ai envoyé près de 450 demandes d'emplois. Toutes infructueuses. Notre société, impitoyable, n'admet aucune erreur (...). Le handicapé est-il une erreur ?*

En août 95, en passant par Noyal/Vilaine, j'ai vu qu'un grossiste en chauffage s'installait. Je suis passé le voir et obtins un contrat en CDI à mi-temps, qui aurait dû se transformer en plein temps. Le travail me plaisait mais hélas les artisans ne sont pratiquement jamais venus. Pensant que Jacques, le seul qui m'ai donné une chance de m'en sortir, dans un métier qui me passionnait, allait peut être devoir cesser son activité. J'allais devenir une charge pour son entreprise après une première année favorisée par des aides liées à mon contrat, qui se seraient vues supprimées au bout d'un an.

Je me suis fait porter inapte au poste pour qu'il puisse me licencier sans avoir à rembourser les sommes qu'il avait perçues.

Le 1er septembre 99, je décroche un CDD pour un an, dans une entreprise de conditionnement de poisson. J'étais chargé de broyer les caisses de polystyrène. Heureusement, elles étaient blanches. Le travail était monotone et, si en plus il avait fallu broyer du noir...

Un an de travail à mourir d'ennui, je n'ai pas souhaité renouveler le contrat qu'on voulait bien me proposer. Le seul poste qui m'aurait intéressé était le service commercial.

J'ai essayé de rentrer dans une grande surface de bricolage, près de chez moi, où j'ai pourtant, à maintes reprises, renseigné ou orienté bénévolement des clients.

À ma septième demande d'emploi je fus enfin reçu par la responsable du rayon *plomberie-chauffage*. Lui parlant en connaisseur (et pour cause... ), je me rendis compte que je m'adressais à un mur. Manifestement elle n'y connaissait pas grand chose.

Peut-être craignait-elle que je prenne sa place ? Elle me signifia très vite que ma candidature ne l'intéressait pas...

## *Hommages*

Pour toi, Christian, 16 ans, accroché à vélo, trois mois de coma, condamné au fauteuil roulant électrique...

Pour toi, Gilles, 23 ans, renversé à Mobylette par un camion, quatre mois de coma, un long calvaire pour l'entourage...

Pour toi, Louis, 17 ans, victime d'une chute de Mobylette, paralysé à vie...

Pour toi, Gilbert, 20 ans, passager d'une voiture sans appui-tête...

Pour toi, Stéphane, 17 ans, passager d'une moto, trois mois de coma, une récupération difficile mais totale...

Pour toi, Bertrand, 28 ans, victime d'un assoupissement au volant, la colonne vertébrale endommagée, carrière de basketteur de haut niveau finie…

Pour toi, Jean-François, 18 ans, une jambe affreusement mutilée…

Pour toi, Françoise, 22 ans, souffrant d'une maladie congénitale, les jambes à jamais en panne…

Pour toi, Abdelhamid, 28 ans, trois mois de coma, un accident de fourgonnette, deux inséparables béquilles…

Pour toi, petite Sophie, 10 ans, d'interminables années de coma, emportée par la nuit…

Pour vous tous, les spina-bifida et autres myopathes rencontrés sur mon chemin…

## *Remerciements*

A cet étudiant en médecine que le hasard a placé sur ma route au moment opportun. Sans l'autorité et le sang-froid dont il a fait preuve dans ses gestes d'urgence, je ne serais peut-être pas là...

Au docteur Roussel, mon médecin traitant, qui a toujours été près de moi, sacrifiant jusqu'à ses jours de congés pendant ma longue période de coma...

Au docteur Fouché qui réalisa ma première et délicate opération le jour même de l'accident et me permit de reprendre possession de moi-même dès le lendemain...

A Madame Fouché, l'infirmière-en-Chef du Service de Réanimation Chirurgicale, qui a su prolonger le travail de son mari...

A tout le service de Réanimation Chirurgicale qui, bien qu'alarmiste, s'est acharné à me maintenir en vie…

Au Professeur Louvigné, Chef du Service de Rééducation-adultes de l'hôpital Pontchaillou, qui fut l'un des premiers à reconnaître qu'il était dans l'erreur quant au pronostic…

Au Professeur Brissot, Assistant du Service d'Hydro-climatologie et de Rééducation fonctionnelle (Hôpital Pontchaillou.)

Au Docteur Le Moulec., Interne du Service d'Hydro-climatologie et de Rééducation Fonctionnelle (Hôpital Pontchaillou.)

Au docteur Marquer, dont les mains habiles et expérimentées ont ouvert à mon corps la voie de la mobilité… Service chirurgie orthopédique et traumatologie, Hôtel-Dieu.

Au Professeur Pecker, Service de neurochirurgie (Hôpital Pontchaillou.)

Au Professeur Bourel, Clinique Médicale A (Hôpital Pontchaillou.)

A Jacques Huet et à tous les autres kinésithérapeutes dont la compétence et la patience, à une exception près, ont été à la hauteur de la gravité de mes traumatismes...

A madame Mensah, de l'association « L'appui », qui m'a toujours encouragé...

A madame Lejeune, du Centre de Formation de La Profession Bancaire, qui m'a permis de financer le démarrage de ce livre...

A mes amis et à mes plus proches voisins pour leur dévouement et leur inestimable soutien moral...

A ma famille et surtout à mes parents qui n'ont pas été épargnés par la souffrance...

# *LES INTERVENTIONS CHIRURGICALES*

**1ere opération 28 juin 1979**

Réduction sanglante de la double fracture ouverte complète du col du fémur et des fractures pluri-fragmentaires du fémur. (6 fractures)

*Dr Fouché aux urgences de Pontchaillou à Rennes*

**2eme opération 19 novembre 1979**

Ablation des broches du pouce droit.

*À Pontchaillou à Rennes*

**3eme opération 21 janvier 1980**

Intervention sur l'escarre fessier droit.

*À Pontchaillou à Rennes*

**4eme opération 27 janvier 1980**

Fermeture de trachéotomie.

*À Pontchaillou à Rennes*

**5eme opération 20 mai 1980**

Mobilisation.

*Dr Marquer à l'Hôtel-Dieu à Rennes*

**6$^{eme}$ opération 6 juin 1980**
Libération postérieure du genou droit.
*Dr Marquer à l'Hôtel-Dieu*

**7$^{eme}$ opération 16 juillet 1980**
Libération postérieure du genou gauche.
*Dr Marquer à l'Hôtel-Dieu*

**8$^{eme}$ opération 12 janvier 1981**
Intervention sur ostéome de hanche droite.
*Dr Marquer à l'Hôtel-Dieu*

**9$^{eme}$ opération 16 février 1981**
Mise en place du clou fémoral.
*Dr Marquer à l'Hôtel-Dieu*

**10$^{eme}$ opération 2 juin 1981**
Arthrolyse de la main droite.
*Dr Marquer à l'Hôtel-Dieu*

**11$^{eme}$ opération 15 juin 1981**
Opération de Page Scaglietti.
D*r Marquer à l'Hôtel-Dieu*

**12$^{eme}$ opération 20 juin 1981**
Mobilisation des doigts et de la main droite.
*Dr Marquer à l'Hôtel-Dieu*

**13$^{eme}$ opération 29 juillet 1981**
Fluctuation au coude droit.
*Dr X à l'Hôtel-Dieu Dr Charles Attant*

**14$^{eme}$ opération 13 août 1981**
Lame et mèches au coude droit.
*Dr Rughoobur La Providence à Dinard*

**15$^{eme}$ opération 15 octobre 1981**
Opération du coude gauche.
*Dr Fouché à la Polyclinique de Cesson-Sévigné*

**16$^{eme}$ opération 12 janvier 1982**
Intervention sur les doigts de la main droite, sur le coude droit et sur le petit doigt de pied droit.
*Dr Fouché à la Polyclinique de Cesson-Sévigné*

**17$^{eme}$ opération 25 janvier 1982**
Mobilisation de mes différentes articulations.
*Dr Fouché à la polyclinique de Cesson-Sévigné*

**18eme opération 1989**
Ablation du clou fémoral.
*Dr Fouché à la Polyclinique de Cesson-Sévigné*

**19eme opération 1994**
Arthrolyse de la hanche droite.
*Dr Fouché à la Polyclinique de Cesson-Sévigné*

**20eme opération 12 octobre 2009**
Prothèse de hanche droite, sous anesthésie locale.
*Dr Goldschild Polyclinique de Cesson-Sévigné*

**21eme opération 8 avril 2014**
Prothèse totale du genoux droit,
sous anesthésie locale.
*Dr Laudrin Polyclinique de Cesson-Sévigné*

# *SOMMAIRE*

## PREMIÈRE PARTIE

## DEUXIÈME PARTIE

Editions Yellow Concept
Réédition janvier 2017
ISBN : 2-951 1290-0-9
Dépôt légal : 2eme trimestre 2013

Achevé d'imprimer avril 2013
sur les presses de l'imprimerie Yellow Print
35 230 Noyal-Châtillon-Sur-Seiche